ROTES MEER & SINAI

Reisen mit MARCO POLO Insider-Tipps

MARCO POLO TOP-HIGHLIGHTS

SHARM EL-SHEIKH ★1
Sonne, Meer und Berge. Der Badeort an der Sinaiküste zieht Urlauber aus aller Welt an

➤ S. 44, Östlicher Sinai

RAS MOHAMMED ★2
Malerische Buchten, Mangrovenhaine und fossile Korallenfelsen – das alles bietet der Nationalpark

➤ S. 49, Östlicher Sinai

COLOURED CANYON ★3
Ausgewaschene Felsen leuchten hier in Rot-, Gelb- und Brauntönen um die Wette (Foto)
Tipp: Morgens und spätnachmittags ist das Farbenspiel am abwechslungsreichsten

➤ S.58, Östlicher Sinai

THE FJORD (MARSA MURAKH) ★4
Ein Meerbusen wie aus dem Bilderbuch, mit feinen Sandstränden und azurblauem Wasser

➤ S. 61, Östlicher Sinai

KATHARINENKLOSTER ★5
Weltkulturerbe, Pilgerstätte und Wohnort griechisch-orthodoxer Mönche im Herzen des Sinai
Tipp: Von den Stufen, die auf den Mosesberg führen, überblickt man die Anlage am besten

➤ S. 66, West- & Zentralsinai

GEBEL MUSA (MOSESBERG) 6

Biblischer Schauplatz, an dem Moses in 2285 m Höhe die Zehn Gebote empfangen haben soll

Tipp: Großartige Bilder machst du hier vom Sonnenaufgang und den Bergen des Zentralsinai

➤ S. 70, West- & Zentralsinai

ANTONIUS- & PAULUSKLOSTER 7

Das Antoniuskloster ist eine der Geburtsstätten des christlichen Mönchswesens; über der Höhle des heiligen Paulus wurde schon vor mehr als 1600 Jahren mit dem Klosterbau begonnen

Tipp: Vom Marmorsarkophag des Paulus zum heutigen Klosterleben – fotografier eine kleine Zeitreise durch die Geschichte der Christenheit

➤ S. 82, Nördlich von Hurghada

EL GOUNA 8

Das Ferienparadies ist von internationalen und ägyptischen Architekten entworfen worden

➤ S. 88, El Gouna, Hurghada & südliche Küste

HURGHADA 9

Im „arabischen Mallorca" herrscht das ganze Jahr über Ferienspaß

➤ S. 96, El Gouna, Hurghada & südliche Küste

LUXOR 10

Jahrtausendealte Gräber plus die Tempelanlagen von Karnak und Luxor mitten in einer Metropole

Tipp: Am Abend bietet der angestrahlte Luxor-Tempel vor der Kulisse der Stadt tolle Motive

➤ S. 106, El Gouna, Hurghada & südliche Küste

INHALT

WEST- & ZENTRALSINAI
ÖSTLICHER SINAI
NÖRDLICH VON HURGHADA
EL GOUNA, HURGHADA & SÜDLICHE KÜSTE

Besuch planen

Essen/Trinken

€-€€€ Preiskategorien

Shoppen

(*) Kostenpflichtige Telefonnummer

Ausgehen

Top-Strände

(A2) Herausnehmbare Faltkarte
(0) Außerhalb des Faltkartenausschnitts

BESSER PLANEN MEHR ERLEBEN!

Digitale Extras
go.marcopolo.de/app/rot

MARCO POLO

DIGITALE EXTRAS

DIGITAL NOCH MEHR ERLEBEN

Schneller in Urlaubslaune kommen.

Perfekt organisiert sein – vor, während und nach dem Urlaub.

Mit der MARCO POLO Touren-App und unseren digitalen Angeboten.

Noch mehr Trendziele, Inspiration und aktuelle Infos findest du auf **marcopolo.de**

Werde Teil unserer Reise-Community und folge uns auf **Instagram** und **Facebook!**

SO EINFACH GEHT'S

MARCO POLO

1. Website besuchen
2. Die digitale Welt von MARCO POLO entdecken
3. App runterladen und ab in den Urlaub

Alle Infos zum digitalen Angebot unter **marcopolo.de/app**

DAS BESTE ZUERST

Die ganze Palette: Vor Big Giftun Island fährt das Meer krasse Blautöne auf

BEST OF
BEI HITZE

SCHÖN, AUCH WENN ES HEISS IST

WENN DER WIND DICH TRÄGT
Im *Kitesurfing Village* in Ras Sudr kannst du in der Flachwasserlagune Surfen oder Kitesurfen lernen. Wenn dir der Wind um die Ohren weht, sind die schweißtreibenden Temperaturen schnell vergessen
➤ S. 72, West- & Zentralsinai

COOLE SHOPPINGTOUR
40 Grad Mittagshitze, da wird allein der Gedanke an ausgedehntes Shoppen schon zur Qual. Mach deine Einkaufstour deshalb lieber in Sharm El-Sheiks *Il Mercato Mall*, um der Sonne zu entkommen. Hier findest du alles, was das Herz begehrt, und im Anschluss kannst du auch noch ganz enstpannt einen leckeren geeisten Kaffee genießen
➤ S. 46, Östlicher Sinai

TANZ DIE HITZE WEG
Verleg deine aktive Zeit mehr in die kühlen Abendstunden. Im *Papa's Club* in Hurghada wird ab 21/22 Uhr getanzt und gefeiert. Besonders toll sind die Partynächte, die oft ziemlich wild enden
➤ S. 103 El Gouna, Hurghada & südliche Küste

VIELLEICHT MAL FRIEREN?
Kein Problem in Sharm El-Sheikh. In der *Ice Bar* werden euch bei winterlichen Temperaturen noch kältere Drinks serviert. Die – ausnahmsweise mal benötigte – warme Kleidung gibt es am Eingang
➤ S. 48, Östlicher Sinai

HIER HEISST ES UNTERTAUCHEN
Egal, ob du zu den erfahrenen Tauchern oder den begeisterten Schnorchlern zählst, ein Tagesausflug zur *Big Giftun Island (Mahmya Island)* nahe Hurghada macht immer Spaß und die Hitze erträglich (Foto)
➤ S. 104, El Gouna, Hurghada & südliche Küste

BEST OF LOW-BUDGET

FÜR DEN KLEINEN GELDBEUTEL

SCHNUPPER MAL!

Das Sportangebot in den Badeorten ist riesig, ebenso die Konkurrenz unter den Tauch- und Surfschulen. Wenn du unsicher bist, was du machen willst, frag nach einer Schnupperstunde. Für kleines Geld, oft auch ganz kostenlos, kannst du testen, welcher Sport dir liegt – z. B. bei *Kitesurf Adventure* in El Gouna

➤ S. 93, El Gouna, Hurghada & südliche Küste

SAUNA À LA PHARAO – FÜR LAU

Hammam Fara'un heißt „Bad der Pharaonen", und auch du kannst in den heißen Schwefelquellen planschen. Dazu kommen noch die warmen Grotten der „Pharaonenquelle", die wie eine natürliche Sauna funktionieren

➤ S. 73, West- & Zentralsinai

MOSES WAR AUCH SCHON DA

Am Gebel Musa soll Moses die Zehn Gebote empfangen haben. Am Fuß des Bergs steht das *Katharinenkloster*, in dem heute nur noch 20 Mönche leben. Das Weltkulturerbe kannst du kostenlos besichtigen, nur das Museum erwartet als Eintritt eine kleine Spende (Foto)

➤ S. 66, West- & Zentralsinai

OPEN AIR MIT BLOCKBUSTERN

Sonne aus, Projektor an! Donnerstagabends zeigt das *El Gouna Cinema* die neuesten internationalen Filme unterm Sternenhimmel. Ein stimmungsvolles und kostenloses Event!

➤ S. 95, El Gouna, Hurghada & südliche Küste

KLEINES AUSSTEIGERPARADIES

Klares Wasser, atemberaubende Bergkulisse: Die Strände von *Nuweiba* liegen fernab des großen Touristentrubels und gehören nicht ausschließlich zu den Hotelanlagen, sondern sind fast ausnahmslos kostenlos zugänglich. Auch Touren ins Hinterland gibt's in Nuweiba oft günstiger als anderswo

➤ S. 56, Östlicher Sinai

BEST OF MIT KINDERN

SPANNENDES FÜR GROSS & KLEIN

COOLE RUTSCHPARTIE

Der Wasserpark *Aqua Blu* in Sharm El-Sheikh mit seinen 62 teilweise sehr ausgefallenen Rutschen und dem Wasserspielplatz ist für Groß und Klein genau das Richtige, um sich vom trockenen Wüstenklima zu erholen

➤ S. 47, Östlicher Sinai

MOSCHEEN & MINARETTE

Nimm deine Kinder mit in eine andere Welt! Fast alle Moscheen am Roten Meer wurden erst in den letzten Jahrzehnten erbaut, der Zutritt ist auch Nichtmuslimen gestattet. Die neue *Al-Sahaba-Moschee* in Sharm El-Sheikh etwa wirkt wie ein Märchenpalast aus 1001er Nacht

➤ S. 44, Östlicher Sinai

FEST IM SATTEL

Einige Reitschulen veranstalten Ponyreiten. In Camps und Hotels, die mit Beduinen zusammenarbeiten, wird Kindern das Kamelreiten beigebracht. Im *Yalla Horse* in El Gouna können deine Kleinen für ein paar Euro pro Stunde auch auf Eseln reiten

➤ S. 93, El Gouna, Hurghada & südliche Küste

AB GEHT'S IM BOLIDEN

Pisten gibt's bei der *Ghibli*-Gokartbahn in Sharm El-Sheikh für jedes Können. Kinder ab etwa 7 Jahren geben in gedrosselten Karts auf dem einfachen Cadet-Raceway nach Herzenslust Gas. Eine Urkunde zur Erinnerung gibt's am Ende natürlich auch

➤ S. 46, Östlicher Sinai

AUF SAFARI GEHEN

Kleine Safaris in die Wüste (Foto) oder in die Berge eignen sich prima als Abenteuer für die Kleinen – mit Lagerfeuern und Nächten im Schlafsack unter freiem Himmel. Buchen könnt ihr sie in den Hotels auf dem Sinai. Mehrtägige Kameltouren sind aber strapaziös, nehmt dafür am besten einen Jeep!

BEST OF

TYPISCH

DAS ERLEBST DU NUR HIER

KORALLENZAUBER

Der Nationalpark *Ras Mohammed* ist wohl der berühmteste Tauchspot Ägyptens. Farbenprächtige Korallenriffe mit einer atemberaubenden Vielzahl an Fischen, gesunkene Frachtschiffe und mit Glück sogar schlafende Haie warten dort auf dich. Aber auch ein Spaziergang durch die Mangroven oder eine Bootstour lohnen sich ganz sicher

➤ S. 49, Östlicher Sinai

HÜFTSCHWUNG ÜBEN

Viele Hotels bieten Bauchtanzkurse an, die meist nur wenig mit echtem *Bauchtanz* zu tun haben. Anders bei Keti Sharif in El Gouna, die renommierte Tänzerin ist ein Vollprofi

➤ S. 92, El Gouna, Hurghada & südliche Küste

STRANDPARTY & TAUCHSPASS

El Fanar Beach in Sharm El-Sheikh ist ein Wasserparadies – eine perfekte Kombination für junge und jung gebliebene Aktivurlauber. Die Korallenriffe sind einfach nur wunderbar

➤ S. 47, Östlicher Sinai

KAMELE KANN MAN REITEN …

„Mit dem Kamel", soll Karl May doziert haben, „ist es wie mit der Kuh in Radebeul. Erst geht sie hinten hoch, dann muss man aufpassen, dass man nicht vorne runterfällt." Überprüf es selbst bei einem Reitausflug in den Sinai mit *Dahab Safari*, Lagerfeuer und Beduinenromantik inklusive (Foto)

➤ S. 53, Östlicher SInai

… UND AUCH ESSEN

Kamelfleisch wird traditionell von Beduinen und Nomaden gegessen, ist bei der Masse der Ägypter heutzutage aber so beliebt wie anderswo Pferdefleisch. Die Edelvariante, z. B. Kamelsteak in Schokosauce, wird im *Bordiehn's* in Hurghada kredenzt

➤ S. 97, El Gouna, Hurghada & südliche Küste

SO TICKEN ROTES MEER & SINAI

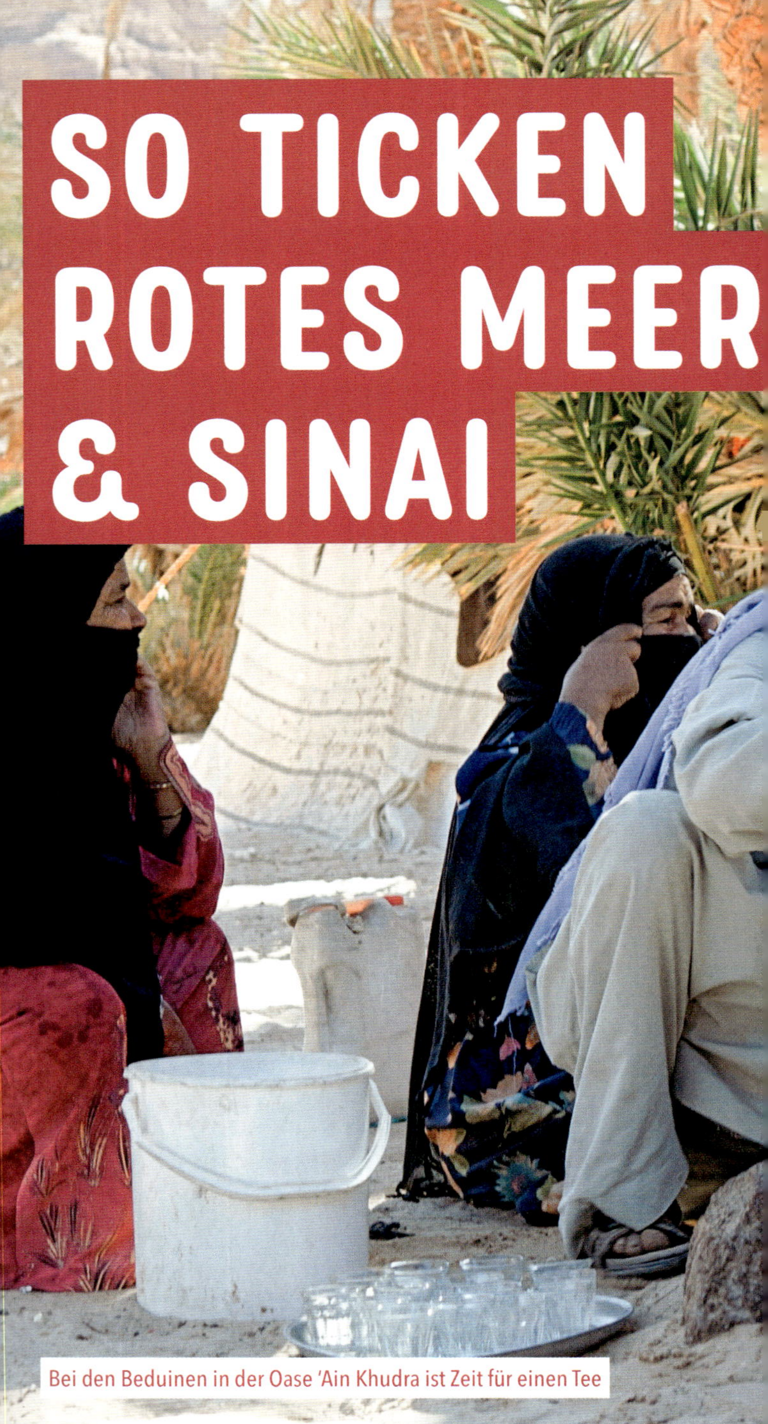

Bei den Beduinen in der Oase 'Ain Khudra ist Zeit für einen Tee

ENTDECKE DAS ROTE MEER & DEN SINAI

Am Strand liegen und die Berge im Blick haben: Das ist die Urlaubskombi in Nuweiba

Zwischen Pool und Party, Wasser und Wüste bleibt in dieser Region kaum ein Urlaubswunsch unerfüllt. Auf Taucher warten eindrucksvolle Korallengärten. Das bergige Hinterland verschmilzt mit dem Meer zu einer faszinierenden Farbkulisse. Tagsüber tauchen, surfen, (sonnen-)baden, nachts feiern oder chillen – hier ist Ägypten ein Paradies für Clubgänger und Naturliebhaber.

MEERESRAUSCHEN UND BERGLUFT

Die über 800 km lange Rotmeerküste erstreckt sich von der Hafenstadt Suez im Norden über die Urlaubsorte El Gouna, Hurghada, El Quseir und Marsa Alam bis tief in den Süden an die Grenze zum Sudan. Zwischen dem Golf von Suez und dem Golf von Aqaba liegt die Sinai-Halbinsel mit ihren Ferienoasen Sharm El-Sheikh, Dahab und Taba. Bewegst du dich von den langen Sandstränden weg,

ab 4. Jt. v. Chr. Auf dem Sinai wird Kupfer abgebaut

Ab 1550 v. Chr. Blütezeit des Pharaonenreichs, die Tempel in Luxor entstehen

3. Jh. n. Chr. Ausbreitung des Christentums

639 Amr Ibn Al-'As erobert und islamisiert das Reich

1517 Ägypten wird zur Provinz des Osmanischen Reichs

1869 Eröffnung des Suezkanals

1882 Beginn der britischen Besatzung; sie endet 1922

lockt das Küstenhinterland hier mit biblischen Kulturstätten, alten Klöstern und einer atemberaubenden, rauen Wüsten- und Gebirgslandschaft. Du kannst erholsamen Badeurlaub mit spannenden Tagesausflügen kombinieren, kannst die Spuren von pharaonischem Bergbau, römischen Eroberern und verfolgten christlichen Mönchen entdecken oder beduinische Gastfreundschaft genießen.

VIER JAHRESZEITEN: SOMMER

In der jahrtausendealten Geschichte des Landstrichs waren die arabische Wüste und der Sinai lange vor allem ein Zufluchtsort für Nomaden, Auswanderer und Pilger. Selbst Jahrzehnte nach der Eröffnung des Suezkanals interessierte sich außer den Beduinen und den in der Ölindustrie beschäftigten Ägyptern niemand für die Region. Erst nachdem Tauchpioniere die einzigartige Unterwasserwelt entdeckt hatten, war es mit dem Dornröschenschlaf vorbei. Innerhalb kürzester Zeit hielt der Tourismus Einzug. Kein Wunder, hier herrscht beinahe das ganze Jahr über Sommer, denn auch die Wintermonate sind mild und sonnig.

URLAUBEN UND URLAUBEN LASSEN

An den Stränden wird gebadet, geschnorchelt und entspannt; Beach- und Poolbars bieten Drinks an. Nirgendwo sonst in Ägypten gibt es ein so vielfältiges Freizeitprogramm: Surfen, Tauchen, Kiten, Paragliden, Golfspielen und und und. Nach Einbruch der Dunkelheit wird gefeiert – in Bars, Clubs und natürlich auf Strandpartys. Da besuchten jahrelang überwiegend internationalen Touristen die

1952 Freie Offiziere stürzen König Faruk, Ägypten wird Republik

1967 Sechstagekrieg, Israel erobert den Sinai

1973 Oktoberkrieg gegen Israel

1982 Rückgabe des Sinai an Ägypten nach Camp-David-Frieden (1979)

2011 „Revolution des 25. Januar", Sturz Präsident Mubaraks

2022 Der Ukrainekrieg gefährdet die Weizenimporte, treibt die Brotpreise hoch; Ägyptens Währung wertet ab großen Badeorte. Inzwischen haben aber auch viele Ägypter die Ferienregion für sich entdeckt. Immer öfter kann man Urlauber aus dem ganzen Land beobachten, die manchmal mit Hose und Hemd oder hochgeschlossenem Kleid und Kopftuch baden gehen, während am Strand ausländische Touristinnen im Bikini in der Sonne liegen. Ein Kulturschock? Die meisten Ägypter sind stolz auf ihre weltbekannten Urlaubszentren und tolerieren, dass praktisch alles – von der Bademode bis zu den wilden Partys – ihren Vorstellungen von Anstand und ihren Traditionen widerspricht. Beduinen und Bikini – das sind hier die krassen Gegenpole.

GÜNSTIG IN HURGHADA, EDEL IN EL GOUNA

Der beliebteste Badeort ist Hurghada an der Festlandküste. Nirgendwo sonst in Ägypten kann man einen billigeren Pauschalurlaub am Strand verbringen. Doch selbst hier ist nicht alles Masse statt Klasse. Nördlich von Hurghada entstand mit El Gouna eine zwar künstlich geschaffene, aber durchweg malerische Ferienoase. *El Gouna* heißt Lagune auf Arabisch, und so ist der Ort durchzogen von Kanälen und Lagunen, deren Ufer Luxushotels und von Stararchitekten entworfene Villen säumen. Noch dazu rühmt sich die Lagunenstadt damit, Ägyptens umweltfreundlichster Ferienort zu sein.

Abseits vom Trubel haben südlich von Hurghada an Buchten wie Makadi Bay oder Soma Bay internationale Luxushotelketten weitläufige Resorts errichtet. Hier gibt es praktisch keine Sehenswürdigkeiten, allerdings sollen Gäste mit Hautkrankheiten in Thermenanlagen durch Behandlungen im Salzwasserpool oder Hydrotherapieanwendungen schnell Linderung erfahren. Die politische und wirtschaftliche Krise nach dem Sturz von Präsident Hosni Mubarak 2011 hat wohl nur verzögert, nicht aber aufgehalten, dass bis zur Grenze des Sudan viele neue Clubanlagen entstehen. Die klimatischen Voraussetzungen sind jedenfalls ideal: Das ganze Jahr über sinkt die Wassertemperatur nicht unter 20 Grad. Und Tauchenthusiasten fahren inzwischen mit Yachten hinaus zu entlegeneren Riffen.

WÜSTENSTILLE UND TECHNOBEATS

Wunderschön ist die Ostküste der Sinai-Halbinsel von Sharm El-Sheikh an der Südspitze über Dahab und Nuweiba bis hoch nach Taba am nördlichen Ende, der Grenze zu Israel. Ob luxuriöser Cluburlaub oder günstige Ferien im Bambushüttencamp, Technopartys in der Wüste oder Ausflüge im kleinsten Kreis mit Beduinen – das alles geht hier. Die Bergwüste des Sinai mit ihren Sanddünen, Oasen und schroffen Tälern bietet erstaunliche Naturerlebnisse. Höhepunkt ist eine Safari im Jeep oder auf dem Kamel, Übernachtung im Freien inbegriffen. Beeindruckt von der Stille sitzen die Teilnehmer abends oft wortlos am Lagerfeuer. Mit etwas Glück erzählen ihnen die Beduinen dann, warum der Nachthimmel hier so sternenreich ist: Weil Gott seine Engel mit Speeren Löcher ins Himmelszelt stoßen ließ, um etwas vom goldenen Glanz zu zeigen, der sich dahinter befindet.

AUF EINEN BLICK

1,4 MIO.

Einwohner leben auf dem Sinai, die Hälfte davon Beduinen

München: rund 1,5 Mio.

11 Std.

Schiffspassage durch den Suezkanal (163 km)

Nord-Ostsee-Kanal: 8 Std. (98 km)

60 700 km²

Fläche des Sinai

Bayern: 70 550 km²

SALZGEHALT DES ROTEN MEERS

4,2 %

Nordsee: ca. 3 %

HEISSESTER MONAT

AUGUST 41 °C

IN MARSA ALAM

HÖCHSTER BERG: KATHARINENBERG

2637 m

Zugspitze: 2962 m

21 °C

Kälter wird das Rote Meer nicht, im langen Sommer sind es 24–29 °C

MOSES

Berühmtester Sinai-Reisender

BESTE PARTY-ORTE
Hurghada & Sharm El-Sheikh

250 KORALLENARTEN
Empfindlichste Bewohner des Roten Meers

DAS ROTE MEER & DEN SINAI VERSTEHEN

GASTLICHKEIT

Die Gastfreundschaft der Ägypter, besonders der Beduinen, ist legendär. Im harten Wüstendasein sicherte sie nicht selten das Überleben. Aus jedem Fremden wurde eine Art Familienmitglied, sobald er das *Beit Schaar* (deutsch: Haarhaus), also das Beduinenzelt, betrat. Für die Dauer seines Aufenthalts wurde er bewirtet, beschützt und wenn nötig sogar eingekleidet.

Bis heute werden Touristen von Ägyptern nach Hause eingeladen, obwohl sich der Gastgeber die Bewirtung oft gar nicht leisten kann. Am besten gibst du ihm die Gelegenheit, seine gut gemeinte Einladung zwar auszusprechen, aber notfalls nicht einzulösen. Sollte sie mehrmals wiederholt werden, nimm die Einladung in sein Haus ohne Bedenken an. Aber komm nie ohne Gastgeschenk, z. B. Gebäck oder Süßigkeiten, am besten eine ganze Torte. Auch Geld kannst du bei ärmeren Familien großzügig geben, indem du es den Kindern schenkst; die Familie sorgt dann schon für die Verteilung. Für die Gastgeber ist es übrigens das größte Lob, wenn du reichlich isst! Ein Tipp noch: Blumen sind als Gastgeschenk eher unüblich.

BIBELSCHAUPLÄTZE

Ägypten, Sinai, Heiliges Land: Als die Israeliten um 1300 v. Chr. auf der Flucht vor den Ägyptern ins Gelobte Land zogen, durchquerten sie dabei die Wüste Sinai. Auf dem Mosesberg offenbarte Gott laut Altem Testament die Zehn Gebote. Am Roten Meer teilte sich das Wasser vor Moses und seinen Leuten und verschlang ihre Verfolger. Westlich der Oase Wadi Feiran verehren die Beduinen heute noch einen Felsen, aus dem Moses mit einem Stab Wasser schlug. Die Oase selbst gilt als Ort der Schlacht der Israeliten gegen die Amalekiter.

INSIDER-TIPP **Biblische Oase**

Alle Schauplätze sind umstritten. Einige Wissenschaftler favorisieren andere Exodusrouten, aber keine von ihnen bietet eine auch nur annähernd so gewaltige, wahrhaft biblische Kulisse wie der Zentralsinai.

KANALARBEITEN

Im Jahr 1859 erfolgte der erste Spatenstich für den 163 km langen Suezkanal, der Mittelmeer und Rotes Meer verbindet. Zehntausende ägyptische Arbeiter schufteten zu jener Zeit in der Hitze; viele von ihnen starben an Krankheiten und Erschöpfung. 1869 weihten die feine ägyptische und die europäische Gesellschaft den Bau ein. 1876 folgte die Bankrotterklärung Ägyptens, und der Kanal ging komplett in ausländischen Besitz über – bis 1956. Da verstaatlichte Präsident Gamal Abdel Nasser die Kanalgesellschaft. Er wurde damit in Ägypten zum Volkshelden. 2014/15 wurde der Kanal für mehr als 4 Mrd. US-Dollar auf 72 km Länge auf zwei Spuren erweitert, um mit mehr Passagen die Einnahmen zu steigern.

FRIEDENSTRUPPE

Am 25. April 1982 war die Rückgabe der Sinai-Halbinsel von Israel an Ägypten im Wesentlichen abgeschlossen. Am selben Tag nahmen die *Multinational Forces and Observers* (MFO) ihre Arbeit auf. Seitdem begegnet man auf dem Sinai den Jeeps mit der weißen Taube auf orangefarbenem Grund. Die aus zwölf Ländern stammenden Soldaten dieser Friedenstruppe kontrollieren die Einhaltung des Friedensvertrags von Camp David, der 1979 zwischen Ägypten und Israel unter Vermittlung der USA geschlossen wurde.

BEDUINEN

Der Sinai und die Östliche Wüste am Roten Meer waren jahrhundertelang fast ausschließlich umherziehenden Beduinen vorbehalten. Sie kannten die Weideplätze und Wasserstellen und schonten sie ehrfürchtig, indem sie weiterzogen, bevor sie die Natur ruinierten. Ihr Alltag war darauf ausgerichtet, die Lebensgrundlagen zu erhalten. Bäume zu fällen, galt als Verbrechen. Laut Schätzungen leben auf der Halbinsel heute noch zwischen 80 000 und 300 000 Beduinen 14 unterschiedlicher Stämme, deren Ursprünge bis nach Palästina und Saudi-Arabien reichen. Aber auch an ihnen geht die Zeit nicht spurlos vorbei. Die meisten haben, oft auf Druck der Behörden, ihre Zelte aus gewobenem Ziegenhaar gegen triste Betonbaracken eingetauscht und arbeiten im Tourismus.

Viele Ägypter aus dem Niltal halten die Beduinen für faul und unzuverlässig. Die Beduinen hingegen glauben, die Ägypter wollten ihnen das Land

Auf der Schiffspassage durch den Suezkanal ist rechts und links alles Wüste

Ökoantrieb: In vielen Naturparks ist man am besten mit Dromedaren unterwegs

ihrer Väter rauben und Geld damit machen. Zwischen beiden Gruppen wird fein säuberlich unterschieden – auf beiden Seiten. Ägypter kommen vorwiegend als Angestellte oder Unternehmer an die Rotmeerküsten, ihre Familie lassen sie daheim im Niltal. Sie sind im Grunde Gastarbeiter im eigenen Land. Nur selten begegnen sie den Beduinen mit Respekt, etwa wenn ihr Wissen über den Landstrich zum Schutz der Natur gefragt ist.

BAKSCHISCH

Mit aufgehaltener Hand bitten Bettler Touristen ebenso wie Einheimische um eine kleine Spende. Kinder rufen Fremden „Bakschisch" hinterher, denn wer als Urlauber ans Rote Meer kommt, gilt als reich, was nach Landesmaßstäben auch zutrifft. Wer hat, der teilt. Nach diesem Prinzip funktioniert im Islam die soziale Gabe *Zakat,* im ägyptischen Alltag bekannt als *Bakschisch* (mit langem „i" in der letzten Silbe). Für Ägypter ist es Ehrensache, den ein oder anderen kleinen Pfundschein zu zücken. Denn viele versuchen aus Stolz, ihre bittere Armut zu kaschieren, und bieten dir Taschentücher, Bonbons oder Kaugummi zum Kauf an. Du tust Gutes, indem du zugreifst. Wenn aber Kellner, Zimmermädchen oder die Toilettenfrau Bakschisch bekommen, dann entspricht das unserem Trinkgeld. Mit einem Unterschied: Es ist angesichts der miserablen Löhne im Land die wichtigste Einnahmequelle für ihre Familien.

WÜSTENGEFÄHRTEN

Eine beduinische Redensart lautet: Die Dattelpalme ist des Menschen Schwester, das Kamel sein unermüdlicher Bruder. Die Beduinen verehren ihre einhöckrigen Kamele, die Dromedare, als Geschenke Gottes. Kein Tier ist derart für die Wüste geschaffen und gleichzeitig so nützlich. Bei Trockenheit kühlt das Kamel den Körper nicht durch Schwitzen, sondern seine Temperatur steigt auf über 40 Grad. Es kann bis zu einem Viertel seines Gewichts an Wasser verlieren, ohne Schaden zu nehmen – für den Menschen sind schon zehn Prozent lebensbedrohlich. Große Wassermengen speichert das Kamel im Magengewebe und nicht etwa im Höcker. So kann es lange Strecken in der Wüste zurücklegen und ist ein ideales Reit- und Lastentier. Außerdem liefert es Milch, Wolle, Fleisch, Leder sowie Kot zum Trocknen und Verbrennen.

GEBETSZEITEN

Neun von zehn Ägyptern sind Muslime, am Roten Meer bekommst du als Tourist jedoch nur wenig von deren religiösem Alltag mit, zumal die meist jungen Ferienorte ganz auf die Bedürfnisse der Urlauber zugeschnitten sind. Fünfmal am Tag ruft aber auch hier der Muezzin zum Gebet, die Moscheen der Angestellten befinden sich dezent im Hinterhof der Hotels oder in ihren Siedlungen. Das Gebet gehört zu den fünf religiösen „Pfeilern", wie auch das Bekenntnis zu Allah und zum Propheten Mohammed, das Fasten im Ramadan, die soziale Gabe *Zakat* und die Pilgerfahrt nach Mekka. Der Islam ist Ägyptens Staatsreligion, das islamische Recht (Scharia) die wichtigste Grundlage der Gesetzgebung.
Außerhalb der Gebetszeiten kannst du fast alle Moscheen besichtigen, wenn du dezente Kleidung trägst und die Schuhe am Eingang ausziehst. Frauen bedecken ihr Haar. Wegen des islamischen Bilderverbots sind Moscheen hauptsächlich mit kunstvollen Kalligrafien verziert.

CHRISTLICHE MINDERHEIT

Ägypten, bereits im 2. Jh. christianisiert, ist eine der ältesten christlichen Glaubensgemeinschaften der Welt. Etwa zehn Prozent aller Ägypter sind heute Kopten, also orthodoxe Christen. Ihre Zentren befinden sich in Kairo und in Oberägypten. Am Roten Meer und auf dem Sinai stehen einige wunderbare Klöster. Auf der Flucht vor ihren römischen Verfolgern und angezogen von der Kraft und der Einsamkeit der Gebirgswüste, ließen sich in Fels-

KLISCHEE KISTE

DIE KUNST DES WARTENS

Geduldiges Warten ist eine der großen ägyptischen Tugenden, die aber leider aus einer weitverbreiteten Untugend resultiert: Unpünktlichkeit. Es geht nicht um Minuten, geschenkt. Die Rede ist hier von gern mal einstündigen Verspätungen, egal ob zu einem Termin oder Date. Die Stunde ist die Nanosekunde vieler Ägypter. Insofern musst du auch keine echte Entschuldigung erwarten. Es ist nicht böse gemeint, nimm's leicht. Merke: Wer pünktlich kommt, muss länger warten. Oder wie man im Orient gerne sagt: Ihr habt die Uhren, wir die Zeit.

WILDWESTMANIER

Am Steuer mutiert der Ägypter zum Formel-1-Piloten, besagt ein böses Gerücht. Tja, es stimmt. Solange Staus den Elan nicht bremsen, wird gerast und trotz Gegenverkehr waghalsig rechts und links überholt, nachts ohne Licht gefahren und erst kurz vor dem Gegenverkehr aufgeblendet. Viele rote Ampeln, sofern nicht von Kamera oder Straßenpolizisten überwacht, gelten als reine Deko. Dazu musst du fast überall mit Eselskarren oder Kamelherden rechnen, mit tiefen Schlaglöchern sowieso. Ein wenig herrscht also Wilder Westen auf Ägyptens Straßen. Das Gute daran: Wer hier Auto fahren kann, kann's überall.

spalten und Höhlen einige der ersten christlichen Einsiedler nieder. Ihr Eremitendasein gilt als eine der Wurzeln des christlichen Mönchstums.

Das Verhältnis der Kopten zur muslimischen Bevölkerungsmehrheit ist infolge der Islamrenaissance angespannt. Die Regierung beschwört die Einheit des Volks, und viele Ägypter aller Glaubensrichtungen stimmen dem vorbehaltlos zu. Trotzdem kam es in den letzten Jahren zu gewalttätigen Konflikten zwischen Muslimen und Kopten, die durch blutige Attentate von ägyptischen Ablegern des „Islamischen Staats" geschürt wurden.

UNTERWASSERGARTEN

Klares, sauerstoffreiches Meerwasser mit einer konstanten Temperatur zwischen 20 und 30 Grad, ein stabil hoher Salzgehalt, dazu ganzjährig Sonne – das sind ideale Lebensbedingungen für jene Polypen, die im Roten Meer das Wunderwerk der Korallen erschaffen. Es gibt 250 Arten! Die winzigen Polypen filtern Plankton und Kalk aus dem Wasser. Der Kalk wird ausgeschieden, abgelagert und dient als Fundament für weitere dieser Polypen. Die Korallenstöcke wachsen 5 bis 15 mm pro Jahr. An ihren Fächern, Geweihen und Ästen siedeln sich farbenprächtige Algen an. Mehr als 1000 Fischarten leben hier. Ein eindrucksvolles Biotop – und ein fragiles, denn alle Arten hängen in einem Nahrungskreislauf voneinander ab. Wer einer Art schadet, schadet allen.

KRISENZEITEN

Ein Euro hat in Ägypten die über eineinhalbfache Kaufkraft. Für dich ist der Urlaub am Roten Meer daher billig, für die Ägypter wird es immer teurer. Von ihrem Gehalt können die wenigsten leben. Vielen haben zwei, drei Jobs. Politische Instabilität und zuletzt Ukraine-Krieg und Coronapandemie (mit u. a. Lockdown, Einstellung des Flugverkehrs, Ausgangssperren) haben den Tourismus, einen der vier

Mahlzeit! Muräne und Lippfisch jagen zwischen den Korallen im Roten Meer

großen Devisenbringer, nachhaltig beeinträchtigt. Öl- und Gasexport, Überweisungen ägyptischer Gastarbeiter und Suezkanalgebühren entwickelten sich dagegen gut. Noch dazu musste das ägyptische Pfund für Kredite des Währungsfonds um fast 50 Prozent abgewertet werden. Daraufhin vervielfachten sich die Preise für Grundnahrungsmittel wie Brot, Tomaten und Fleisch. Hoffnung setzt die Regierung u. a. auf den weltgrößten Solarpark in der Wüste.

GESCHEITERTE REVOLUTION

Am 25. Januar 2011 begann ein 18-tägiger Volksaufstand, der mit dem Sturz von Präsident Mubarak endete. Millionen Ägypter waren auf die Straße gegangen, fast tausend kamen um. Das Ergebnis ist bekannt: 2014 übernahm das Militär in der Rolle des Retters wieder die Macht. Seither ist Oberbefehlshaber Abdel Fatah el-Sisi Präsident. Die Revolution aber ist gescheitert. Warum? Erstens gab es keine charismatische Gallionsfigur mit dem Zeug, das Land zu führen. Zweitens hatte keine der Revolutionsparteien ein tragfähiges Konzept für die Zukunft eines neuen Ägypten. Armut, Wirtschaftsmisere, unterdrückte Demokratie – nichts ist heute besser als unter Mubarak. Amnesty International sieht Ägypten u. a. wegen Willkürverhaftungen und Knebelung der Meinungsfreiheit in einer anhaltenden „Menschenrechtskrise".

GRÜNES REISEN

Umweltschutz und Nachhaltigkeit sind Themen, die bei Ägyptens Badetourismus enorm an Bedeutung gewinnen. Mit dem Pilotprojekt *Green Star Hotel* werden diese Prinzipien erstmals in größerem Stil umgesetzt. Die Initiative hat die Umweltstandards in vielen Hotels am Roten Meer schon deutlich verbessert. Ziel ist es, durch Wassermanagement, Mülltrennung und Recycling sowie Unterwasser- und Strandsäuberungsaktionen den schädlichen Einfluss des Tourismus auf das Ökosystem des Meers und der nahen Wüste, die noch immer oft als wilde Müllhalde dient, zu minimieren. Dazu werden Hotels je nach ihrer Umweltfreundlichkeit mit drei bis fünf grünen Sternen bewertet. Eine aktuelle Liste dieser vorbildlichen Hotels gibt es auf *greenstarhotel.org*.

BLAUES ROTES MEER

Man wundert sich, wie das azurblaue Gewässer den Namen Rotes Meer bekam. Eine der am glaubwürdigsten klingenden Theorien besagt, dass die umliegenden mineralreichen roten Felsen die Abendsonne reflektierten und das Wasser in einen rötlichen Glanz tauchten, was die antiken Seeleute dazu inspiriert haben soll, das Gewässer Rotes Meer (lat.: *mare rostrum*) zu nennen. Eine andere Vermutung lautet, die farbenprächtigen Korallenriffe hätten dem Meer seinen Namen gegeben.

Das Rote Meer ist etwa so groß wie Schweden und über 2000 m tief, im Golf von Aqaba noch 1800 m. Das schmale Tor zum Indischen Ozean dagegen hat nur eine Tiefe von 123 m, sodass der Zufluss kalten Tiefseewassers gebremst wird, was das Rote Meer zu einem der wärmsten weltweit macht.

ESSEN SHOPPEN SPORT

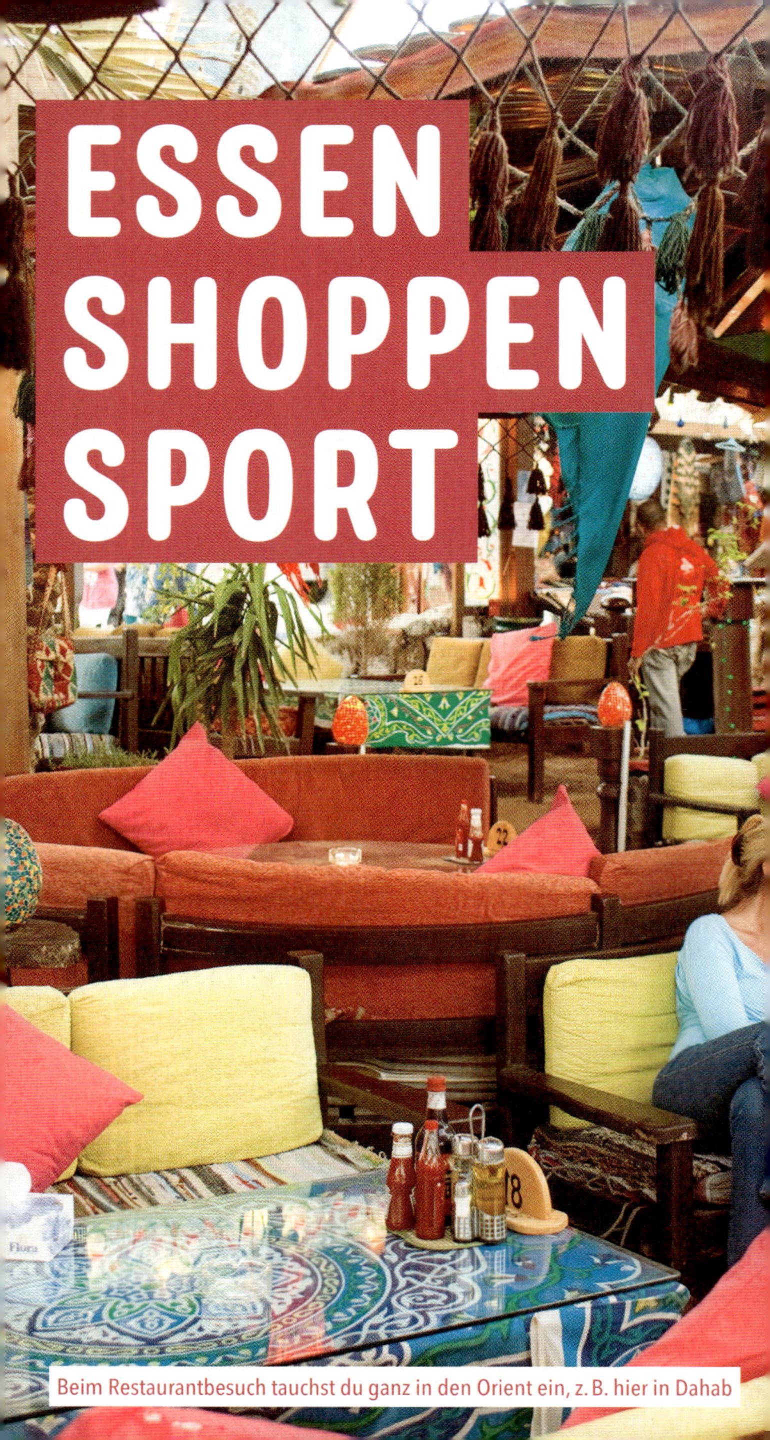

Beim Restaurantbesuch tauchst du ganz in den Orient ein, z. B. hier in Dahab

CORNER
21

ESSEN & TRINKEN

Die Gastroszene in den großen Urlaubsorten am Roten Meer ist international und vielseitig: Hier kannst du italienisch, chinesisch, mexikanisch, indisch oder russisch essen – und natürlich ägyptisch, eine kulinarische Kalorienliga für sich.

DER VEGGIE-HIMMEL

Typisch ägyptische Küche in authentischem Ambiente? Dafür musst du meist außerhalb der Hotels suchen – und wirst am Ende mit köstlichen vegetarischen Gerichten belohnt. Eher früher als später landest du dabei sicher in einem Fuul- und Taamiyya-Imbiss. Die beiden Gerichte sind die Grundnahrungsmittel für die allermeisten Ägypter. Sie sind günstig, reich an Nährstoffen, machen satt und werden darum vor allem morgens gegessen.

Fuul ist ein dicker brauner Saubohnenbrei, der mit Sesamsauce, Zitrone, Öl und Gewürzen verfeinert und mit Fladenbrot von einem Metalltellerchen gelöffelt wird. *Taamiyya* heißt die ägyptische Falafelvariante: knusprig frittierte Gemüsebällchen aus zerstampften Bohnen. Beide Gerichte werden auch mit Gemüse im Fladenbrot als Sandwich verkauft. Bessere *Fuul*-Restaurants servieren den Bohnenbrei auf Wunsch auch aus dem Ofen mit Ei und *Pasterma,* einem würzigen Formschinken.

MIT MEZZE GEHT'S LOS

Zu allem wird Fladenbrot serviert, das die Ägypter *'Aish* – Leben – nennen. Die volkstümliche Variante ist gleichzeitig auch die gesündere: das dunkle, vollkörnige *'Aish baladi.*

Zu den Vorspeisen gehört eine Vielzahl leckerer Pasten, die *Mezze.* Besonders beliebt sind *Tahina,* ein öliger Sesambrei, und *Baba ghanug.* Ursprünglich aus dem Libanon kom-

Wer authentisch ägyptisch essen möchte, kommt an *Fuul* (Foto li.) nicht vorbei

mend, ist Hummus mittlerweile aus der ägyptischen Küche nicht mehr wegzudenken. Die dippartige Vorspeise aus Kichererbsen und Sesamöl wird entweder kalt oder warm mit Lammfleisch garniert als *hummus bi-lahma* serviert.

FLEISCHLUXUS

Fleisch ist für viele Ägypter unerschwinglich. Volkstümliche ägyptische Lokale bieten deshalb oft keine Fleischgerichte an. Wer Appetit auf *Kebab*, *Kufta*, Hähnchen oder Taube hat, muss in die entsprechenden Restaurants gehen. Dort werden diese Gerichte leider oft nur einfallslos auf dem Grill zubereitet. Leckere Alternativen sind gekochtes Fleisch in *Molokhiyya* oder die sogenannten Tagin (manchmal auch *Tadschin* ausgesprochen) – Fleisch in Gemüsesauce aus dem Ofen, gern mit Tomaten und Okraschoten zubereitet. Auch Tagin-Gerichte mit Fisch oder Meeresfrüchten schmecken köstlich. Überhaupt ist die Fischküche an der gesamten Küste sehr empfehlenswert. Besonders zum Frühlingsfest *Sham el-Nessim* gibt es die sehr spezielle, aber bei Einheimischen beliebte Spezialität *Fesikh*: Fisch, der, nachdem er ein paar Stunden in der Hitze gelegen hat, gepökelt und roh gegessen wird. Viele Neugierige haben Fesikh genau zweimal und nicht öfter probiert – und das zweite Mal auch nur, um herauszufinden, ob er wirklich so schrecklich schmeckt und beim ersten Mal nicht bloß missraten war.

AUFLAUF VON ALIS MUTTER

Wer am Schluss noch ein Dessert schafft, kann sich auf Baklava freuen, auf Milchreispudding, auf einen *Kunafa* aus Fadennudeln, oder den Brotauflauf *Umm Ali* („Die Mutter von Ali", vergleichbar mit Arme Ritter).

IMMER SCHÖN SÜSS

Als Getränke werden Mokka oder schwarzer Tee *(Shai)* serviert – beides nur auf Wunsch nicht stark gesüßt. Den Schwarztee gibt's auch mit Pfefferminzblättern, dann heißt er *Shai bi-nana*. Aus irgendeinem Grund wird in Ägypten oft angenommen, Touristen wären Teebeutel lieber. Wenn du Tee aus aufgebrühten Blättern möchtest, dann bestell *Shai ala bosta,* nach Art des Postmanns.

Eine andere sehr beliebte Spezialität, die überwiegend in den kälteren Monaten in den Kaffeehäusern *(ahwas)* getrunken wird, ist *Sahleb*. Das Getränk aus Milch, geriebenem Grieß, gehackten Nüssen und Rosinen wird mehr gelöffelt als getrunken.

NUR ECHT IM KAFFEEHAUS

Apropos Kaffeehaus. Allgemein gilt: Wenn du das authentische Ägypten kennenlernen willst, solltest du einmal in einer *Ahwa baladi* an einem Blechtisch auf Plastikstühlen gesessen haben. In dieser traditionellen Männerbastion erlebst du bei Tee und Wasserpfeife einen bunten Mix aus Domino oder Backgammon spielenden älteren Männern und lauten, mit dem Handy hantierenden Jugendlichen. Die gängigsten und beliebtesten Tabaksorten für die *Shisha* sind Apfel, Melone und Minze. Wer etwas Außergewöhnlicheres möchte, bestellt *Ward Shisha* mit Rosenblütenaroma.

WAS KALTES

Neben frisch gepressten Säften in den Geschmacksrichtungen Mango, Guave oder Zuckerrohr bekommst du auch überall Mineralwasser und Softdrinks. Hier sind die Ägypter nicht besonders markenbewusst: Sie bestellen *Häga sa'aa,* etwas Kaltes, und sind dann mit dem glücklich, was kommt – egal, ob Coca-Cola oder Pepsi. Wenn du mal etwas anderes probieren möchtest: Besonders gut erfrischen die *Fayrouz*-Malzgetränke, wahlweise mit Apfel, Ananas oder Mango.

INSIDER-TIPP
Abgefüllt und zugekorkt

Die Kunst des Kelterns galt unter den Pharaonen viel, war lange vergessen und ist nun zurück. Von Ägyptens Weinen sind die roten Sorten *Ayam* und *Jardin du Nile* sowie der weiße *Cape Bay* zu empfehlen. Biere gibt's aber auch: Neben den lokalen Biermarken Stella und dem feineren Sakkara Gold wird im Land z. B. auch Heineken gebraut.

DIE RECHNUNG, BITTE!

In Restaurants werden auf den Preis der Speisen und Getränke noch bis zu 25 Prozent Steuern und Gebühren aufgeschlagen (steht im Kleingedruckten der Speisekarte). Bessere Lokale erheben außerdem oft eine sogenannte Minimum Charge. Egal, wie wenig du verzehrt hast, du musst dann pro Person diesen Mindestbetrag bezahlen. Die Rechnung solltest du noch um fünf bis zehn Prozent Trinkgeld aufrunden, selbst wenn auf dem Bon schon eine *service charge* ausgewiesen ist – denn diese ist eine staatliche Steuer und geht nicht an das Personal. Das eigentliche Trinkgeld wiederum ist die wichtigste Einnahmequelle für das in der Regel schlecht bezahlte Restaurantpersonal.

Unsere Empfehlung heute

Vorspeisen

BABA GHANUGH
Püree aus gegarten Auberginen und Sesampaste

BITINGAN MA'LI BI-TOUM
Gebratene Auberginen mit Knoblauch

PASTERMA
Formschinken aus gedörrtem Rindfleisch im Gewürzmantel

WARA AINAB
Mit würzigem Reis gefüllte Weinblätter

MOLOKHIYYA
Grüne Suppe aus dem spinatähnlichen Muskraut

Hauptgerichte

SHORBET ADS
Ägyptische Linsensuppe

SHAWARMA
Arabischer Döner Kebab

FATTA
Mit Fleisch und Reis gefülltes Fladenbrot, mit Brühe durchtränkt

KEBAB
Gegrilltes Kalb- oder Hammelfleisch am Spieß

FATIER
Pikant-würzig belegte Blätterteigpizza

KUFTA
Gegrillte Fleischröllchen vom Rind oder Hammel

SHISH TAWUK
Gegrilltes, entbeintes Hähnchen

LAHMA BI-KHUDAAR
Fleischeintopf mit Gemüse der Saison

Desserts

UMM ALI
Brotauflauf mit Sahne, Nüssen und Rosinen

KUNAFA
Kuchen aus gebackenen Fadennudeln mit Nüssen und Sirup

MAHALLABIYYA
Feiner Milchreispudding mit Pistazien

Getränke

KARKADEH
Malvenblütentee

HELBA
Heißgetränk aus gekochtem Bockshornklee

SHOPPEN & STÖBERN

Die Urlaubszentren am Roten Meer sind von Geschäftsstraßen dominiert und in den Hotelanlagen erwarten dich Shoppingarkaden und Malls. Gern sind die Waren dort allerdings überteuert. Die Geschäfte im Ort haben oft das gleiche Angebot und meist schon mal niedrigere Preise. Hier schlägt die Stunde aller, die gern feilschen. Wie's geht? Grob die Hälfte des Preises anbieten, der Händler verlangt dann mindestens zwei Drittel; in der Mitte trefft ihr euch. Am besten bleibst du freundlich hartnäckig und nimmst dir Zeit für die Unterhaltung. Auch das Glas Tee, das dir der Händler ausgibt, verpflichtet am Ende nicht zum Kauf, wenn der Peis nicht stimmt.

ZUM KOCHEN UND GENIESSEN

Gewürze, Heilpflanzen und Kräuter werden an Ständen und in Fachgeschäften nach Gewicht verkauft. Als Mitbringsel ist *Karkadeh* beliebt. Die getrockneten Malvenblüten werden mit heißem Wasser übergossen oder kurz mitgekocht. Der leckere Sud ist ein idealer Vitamin-C-Spender, wirkt blutdrucksenkend und wird heiß oder eisgekühlt serviert.

INSIDER-TIPP
Superfood auf Orientalisch

Sesam- und besonders Schwarzkümmelöle gelten im Nahen und Fernen Osten seit Jahrtausenden als effektive Naturheilmittel. Viele schwören darauf, dass sie das Immunsystem stärken und entzündungshemmend wirken.

COOL BUMMELN

Die *Senzo Mall (senzomall.com)* in Hurghada ist das größte Einkaufszentrum am Roten Meer. In den meisten Malls (Standardangebot u. a. Mode, Schuhe, Accessoires) findest du auch Coffeebars und Restaurants, in Sharm El-Sheikh etwa in der beliebten *Il Mer-*

Gewürze wie Sand am Meer ... Die bringen zu Hause noch Urlaub in den Topf (Foto li.)

cato Mall mit Filialen von Cilantro, der beliebtesten ägyptischen Coffeeshopkette, und etlichen anderen Einkehrmöglichkeiten.

DEZENT BELEUCHTET

Ein dekoratives Mitbringsel sind kunstvoll verarbeitete, oft handgemachte kleine Stehlampen, Lampenschirme und Kerzenleuchter.

ZU HAUSE BLUBBERN

Zu Hause in Europa sind die Preise für Wasserpfeifen ziemlich hoch. Anders in Ägypten. Für wenig Geld gibt es auch den Shisha-Tabak (beachte, dass der bei den Zollfreimengen mitzählt!).

DUFTE SACHE

Alle Düfte des Orients findest du in den Läden mit Essenzen und Parfums. Du solltest nur darauf achten, dass du am Ende auch mit dem Duft und der Menge hinausgehst, die du bezahlt hast. Bei internationalen Markendüften, die originalverpackt erscheinen, handelt es sich manchmal um Imitate, die genauso riechen wie die Originale, allerdings viel schneller verfliegen.

BUNTE KELIMS, SCHÖNER ALABASTER

Ein Bummel durch die Badeorte oder Ausflüge ins Umland sind eine gute Gelegenheit, Souvenirs billiger als in den Hotels zu bekommen. Auf den Märkten, u. a. in Dahab, bieten Beduinen traditionelles Kunsthandwerk an, darunter handgemachten Schmuck, Kelims, Kissenbezüge, Wandteppiche usw. Falls du nach Luxor fährst, dann kauf Alabasterwaren dort, direkt am Produktionsort. Hübsche und beliebte Mitbringsel sind auch bunte Tücher mit Kalligrafien, Kupferwaren, orientalische Schmuckkästchen mit Einlegearbeiten, Schach- und Backgammonspiele.

SPORT

Das konstant warme Wasser des Roten Meers und seine über 1000 km Strand machen die Region zum Topziel für Wassersportler. Beim Buchen solltest du beachten, dass den Stränden mancher Hotels Saumriffe vorgelagert sind. Zum Baden im Meer musst du dann oft erst einmal über einen Steg gehen.

WASSERSPORT

Auf dem Sinai sowie in und um Hurghada findest du überall Anbieter für Jetski, Wasserski, Paragliding und Kayaking. Auch zum Wakeboarden hast du Gelegenheit. Stand-up-Paddling ist auf dem heimischen See sicher leichter als auf dem Meer, aber steht man erst mal sicher auf dem Board, dann sind die Wellen ein Heidenspaß. Das Equipment wird von vielen Hotels und Surfschulen vermietet.

Südlich des Orts El Quseir sind diese Wassersportaktivitäten zum Schutz der Unterwasserwelt oftmals nicht erlaubt.

TAUCHEN

Auf dem Westsinai, am Golf von Aqaba, befinden sich die Riffe oft in Ufernähe. Wenn du in der Region von Hurghada Urlaub machst, musst du dagegen mit Booten zu den Tauchgründen hinausfahren. Als Traumspots gelten dort unter Tauchern die Korallenriffe vor der Küste südlich von El Quseir bis zum Sudan, die teilweise mehrere Stunden entfernt liegen. Bei El Quseir und Safaga zählen *The Brother Islands* sowie *Zabarga* und *Rocky Island* nahe Berenice zu den besonderen Highlights.

Nahe Sharm El-Sheikh sind die große und kleine Lagune vor der Insel Tiran, das *Gordon* und das *Jackson Riff* sowie *The Tower* sehr beliebt. Rund um Dahab sind die Spots *The Blue Hole*, ein 80 m tiefes Loch im Riff, *The Canyon*

Unterwasserkino: Als Taucher hast du im Roten Meer jede Menge zu gucken

mit seinen Jahrmillionen alten vulkanischen Höhlen und für Anfänger *The Huts* empfehlenswert.

Einen fünftägigen Tauchkurs („open water") gibt es ab ca. 300 Euro. Infos findest du unter *taucher.net*. Einsatzbereite Dekompressionskammern *(hyperbaric chambers)* gibt es in Sharm El-Sheikh, El Gouna, Hurghada und in Marsa Alam.

Vor allem für Anfänger ist es schwierig, sich für eine der vielen Tauchschulen zu entscheiden. Eine Hilfe können die verschiedenen Zertifikate sein. Überprüf, ob die Station nach den Richtlinien eines anerkannten Verbands arbeitet. Wirf auch einen Blick in das Center: Ist es sauber und aufgeräumt? Wie sieht die Ausrüstung aus?

Gute Stationen, die auch auf Deutsch betreuen, sind in Dahab die *Inmo Divers (Mobiltel. 0100 0 87 3 82 | inmo divers.de)*, in Sharm El-Sheikh die *Sinai Divers (Mobiltel. 0100 5 05 42 57 | sinaidivers.com)* sowie das *Shark's Bay (Tel. 069 3 60 09 42 | sharksbay.de)*, in El Gouna die *Blue Brothers (Mobiltel. 0106 6 65 41 01 | bluebrothersdiving.de)* und in Hurghada das *Jasmin Diving Center (Mobiltel. 0122 5 77 42 99 | jasmin-diving.com)*.

SEGELN

Stets weht eine kräftige Brise. Für Segler sieht es also gut aus. Mit der Einschränkung, dass der Wind für Anfänger oft ein bisschen zu heftig drückt. Dennoch, Hurghadas Segelschule arbeitet in Kooperation mit dem Surfanbieter *Pro Center Tommy Friedl (Mobiltel. 0100 6 67 28 11 | tommy-friedl.com)*. Die Kurse *(ab 200 Euro)* sind sehr entspannt.

SURFEN & KITESURFEN

Als hervorragender Surfspot besonders auch für Anfänger gilt die Dahab Bay. Dort kannst du dich an die beiden

Surf & Kite Center Harry Nass (Tel. 069 3 64 05 59 | harry-nass.com) wenden. Zu den besten Surfgegenden des Landes zählen außerdem die Küsten um Ras Sudr und Safaga. Einen Anfängerkurs Windsurfen (inkl. Ausrüstung) bekommst du ab 200 Euro *(fünfmal 2 Std.)*.

In Hurghada hat die Uferbebauung die ablandigen Winde zwar spürbar abgeschwächt, dennoch beliebt bei Surfern ist z. B. der Strand vor dem *Magawish Village (Mobiltel. 0100 5 45 03 53 | colonawatersports.com)*. Zu den besten Surfclubs gehören das *Pro Center Tommy Friedl (Mobiltel. 0100 6 67 28 11 | tommy-friedl.com)* in Hurghada und Marsa Alam.

Ägypten hat sich auch zu einer Topdestination für Kitesurfer entwickelt. Kurse *(8 Std.)* gibt es ab ca. 290 Euro. Anfänger und Fortgeschrittene lieben das Revier am Roten Meer aufgrund des konstanten Winds. Eine gute Adresse ist auch *Kitesurf Adventure (Mobiltel. 0122 4 72 59 72 | kitesurf-adventure.de)* in El Gouna.

WANDERN & TREKKING

In der Zeit von März bis April sowie von September bis Oktober ist das Klima fürs Wandern am angenehmsten. Tagsüber wird es zwischen 30 und 35 Grad heiß, nachts kühlt es sich auf 7 bis 12 Grad ab. In vielen Hotels und Camps werden Touren organisiert. Auf dem Sinai sind die wirklichen Spezialisten aber die Beduinen, mit ihnen ist der Ausflug ein besonderes Erlebnis. In der Region rund um das Katharinenkloster sind außer für Halbtagestouren ortskundige Beduinenführer Pflicht. Sheikh Mousa, der lokale Beduinenscheich, regelt die Registrie-

Vor der Küste von Ras Sudr gibt der Wind Surfern ordentlich Schub

rung, Anmeldung und Einteilung der Guides *(Tel. 069 3470457 | sheik mousa.com).*

Über Pässe und durch Canyons führt der *Sinai Trail (Mobiltel. 0100 5054119 | sinaitrail.net).* Sinai-Beduinen führen über diesen ersten Fernwanderweg Ägyptens *(230 km, 14 Tage).* Er verläuft vom Katharinenkloster u. a. zur Blauen Wüste, der Oase 'Ain Khudra und zum Coloured Canyon. Die Strecke ist auch in Teilabschnitten machbar.

Notwendige Ausrüstung fürs Trekking: Sonnenschutz, Moskitospray, Schlafsack, Taschenmesser, Toilettenpapier, Batterien, Feuerzeug, warme Kleidung für kalte Wüstennächte im Zelt und bequeme Wanderschuhe.

GOLFSPIELEN

Spielern muss bewusst sein, dass Wasser in Ägypten ein rares Gut ist, weshalb man bei der Hotelwahl darauf achten sollte, eine umweltfreundliche Unterkunft auszusuchen. Eine Entscheidungshilfe kann etwa das Green-Star-Zertifikat des ägyptischen Hotelverbands sein *(greenstarhotel.org).*

In Sharm El-Sheikh kannst du auf dem *Maritim Jolie Ville Golf Course (18 Loch, par 72 | Tel. 069 3600100 | info@src-maritim-jolieville.com)* spielen, südlich von Taba in der Ferienanlage *Taba Heights (Tel. 069 3580073 74 | taba heights.com/golf),* in 'Ain Sukhna über den *Sokhna Golf Club (9 und 18 Loch, par 72 | Mobiltel. 0101 0501854 | sokhnagolfclub.com).*

Der *El Gouna Golf Club (18 Loch, par 72 | Tel. 065 3580009 | elgouna.com/things-to-do)* ist von Lagunen umgeben. Von 9 auf 18 Loch wird der Course „Ancient Sands" *(par 72 | Tel. mobil 0122 8073237 | Facebook: ancientsandsgolfcourse)* in Hurghada erweitert.

Das neueste Green wurde von John Sanford entworfen und befindet sich südlich von Hurghada in der Makadi Bay *(Madinet Makadi Golf Resort | Mobiltel. 0100 0072578 | madinatmakadigolf.com).* Für die Leser des „Golf Journals" gehört der Platz *The Cascades (Mobiltel. 0122 4238263 | the cascades.com)* vor Meeres- und Wüstenkulisse in der Soma Bay zu den Top 20 weltweit. Der Platz erstreckt sich über 6680 m und ist damit der längste in Ägypten.

REITEN

Neben Pferde- wird auch Kamelreiten angeboten. Du brauchst dich nur an den Stränden und Promenaden umzuschauen. Längere Touren solltest du mit Beduinen organisieren, die sehr zuverlässige Begleiter sind, oder über dein Camp bzw. Hotel buchen. Ein Ausritt kostet ab ca. 200 bis 300 £E pro Stunde (rund 10–20 Euro). Unbedingt vorher Sattel und Steigbügel überprüfen und nach einem Helm fragen! Bitte, wenn das Tier abgemagert aussieht oder sich seltsam verhält, um ein anderes.

INSIDER-TIPP
Fürs Tierwohl und für dein Wohl

Empfehlenswerte Adressen sind der *Sea Horse Sahl Hasheesh (Mobiltel. 0115 7633369 | seahorsesafari-makadi.com)* in Hurghada und in El Gouna *Habiba Horse (Mobiltel. 0106 4393709 | habibahorse.de).*

DIE REGIONEN IM ÜBERBLICK

WEST- & ZENTRALSINAI S. 62

Gipfel, Canyons, Wüsten und mittendrin der biblische Mosesberg

NÖRDLICH VON HURGHADA S. 74

Die Städte am Suezkanal und zwei herrliche alte Klöster entdecken

100 km
62.14 mi

EGYPT

EGYPT
ISRAEL
JORDAN
SAUDI ARABIA
Suez
Gulf of Suez
Abu Rudeis
Tarabin
Râs Ghârib
Sharm El-Sheikh
Hurghada
Ein Paradies für Badeurlauber, Surfer und Taucher
ÖSTLICHER SINAI S. 40
Nile
Red Sea
Luxor
Marsa Alam
EL GOUNA, HURGHADA & SÜDLICHE KÜSTE S. 84
Urlaubskombi aus Sandstränden, Lagunen und Korallenriffen
Bîr Shalatein
SUDAN

ÖSTLICHER SINAI

WILDE WÜSTE, TRAUMHAFTE KÜSTE

Berge, Strände, Buchten und Naturparks – das ist die grandiose Kulisse des Sinai, einer Region von rauer Schönheit, die schon in der Antike Kriegsschauplatz und zugleich Refugium für Auswanderer, Nomaden und Propheten war. Von Taba an der israelischen Grenze im Norden bis Sharm El-Sheikh im Süden reihen sich die Ferienorte und Beachresorts aneinander. Fast der ganze Küstenstreifen wird allmählich zu einem riesigen Freizeitpark. Hauptziele sind die Orte an der Küste, allen voran Sharm El-Sheikh.

Ein Baum hält sich wacker in der Wüste um Nuweiba

Nahezu alles ist hier auf Tourismus ausgerichtet, dank der Natur: Vor der Küste gibt es Korallenriffe, die zu den schönsten Tauchgründen der Welt gehören. Touren dorthin und zu den Ausflugszielen im Innern der Halbinsel kann man in allen Ferienorten buchen. Dahab und Nuweiba sind aber die besten Ausgangspunkte. Egal ob Cluburlaub, Wandertrip oder Tauchsafari, der Sinai gehört zu den Highlights Ägyptens. Noch dazu haben hier viele umweltfreundliche Hotels eröffnet, denn immer mehr Reiseanbieter setzen auf grünen Tourismus.

ÖSTLICHER SINAI
75 km, 1 Std.
37
Castle Zaman 11
Coloured Canyon 10
103
Tarabin 9
EGYPT
Nuweiba
S. 56
Nawamis 6
8 'Ain Khudra
7 Haggar Maktub
204
70 km, 1 Std.
204
Ras Abu Ghalum 5
Dahab
S. 50
95 km, 1 ½ Std.
Wadi Qnai 4
Hotelstrände an der südlichen Lagune
143
Al Tor
103
Gulf of Aqaba
Nabq-Nationalpark 3
Tiran Island
2
Sanafir Island 2
Sharm El-Sheikh
S. 44
Gulf of Suez
El Fanar Beach
143
20 km, 25 Min.
Red Sea
20 km
12.43 mi
1 Ras Mohammed

MARCO POLO HIGHLIGHTS

★ **SHARM EL-SHEIKH**
Sharm ist der Hotspot. Hier ballen sich die Hotels, pulsiert das Nachtleben ➤ S. 44

★ **RAS MOHAMMED**
Felsige Halbinsel aus fossilen Korallen an der Südspitze des Sinai ➤ S. 49

★ **NABQ-NATIONALPARK**
Bizarre Felsen, Dünen und die nördlichsten Mangrovensümpfe der Welt erwarten dich hier ➤ S. 50

★ **DAHAB**
Der Ort ist ein beliebter Treffpunkt von Tauchern und Möchtegernhippies ➤ S. 50

★ **RAS ABU GHALUM**
Der Naturpark besticht mit seiner traumhaften Landschaft ➤ S. 55

★ **COLOURED CANYON**
Eindrucksvolle Schlucht aus rotgelbem Sandstein ➤ S. 58

★ **THE FJORD (MARSA MURAKH)**
Die wohl schönste Bucht der Sinai-Halbinsel ➤ S. 61

★ **GEZIRET AL-FARA'UN**
Eine malerische Insel, auf der eine Kreuzritterburg aus dem 12. Jh. thront ➤ S. 61

SHARM EL-SHEIKH

(🕮 G9) **Neben Hurghada ist ★ Sharm El-Sheikh (35 000 Ew.) einer der beiden großen Ferienorte am Roten Meer, wirkt jedoch aufgeräumter, moderner und eleganter.** Die Traumwelt liegt unter dem Meeresspiegel: Angezogen von den überwältigenden Korallenriffen, waren die ersten Touristen hier Taucher. Heute bevölkern ganzjährig Strandurlauber aus aller Welt den Ort. Neben Dutzenden von Tauchcentern gibt es ein großes Freizeit-, Sport- und Unterhaltungsangebot.

Das Herzstück ist die *Naama Bay*. Hier befindet sich die Shoppingmeile, gibt es Restaurants, Cafés, Läden und Clubs. Gleiches gilt für den Abend nördlich am *Soho Square*, einer quirligen Flaniermeile. Nett ist der *Old Market* im südlichen Sharm bei der Sahaba-Moschee.

Die meisten Gäste wohnen in Hotels auf einer Strecke von 30 km nördlich und südlich der Naama Bay. Der eigentliche Ort im Süden, unweit der Marina, wird auch *Sharm El-Maya* genannt. Zur Naama Bay gelangst du mit dem Taxi oder einem Shuttleservice, den die Hotels oft kostenlos anbieten. Außerdem besteht eine Fährverbindung *(Mi, Do, Sa | 🕓 1½ Std. | abmaritime.com.jo)* zwischen Sharm und Hurghada.

SIGHTSEEING

AL-SAHABA-MOSCHEE

Barock verspielt wie ein Palast aus 1001er Nacht erhebt sich die Moschee mit ihren beiden 76 m hohen Minaretten, die den neu gestalteten Souk überragen. Über ihre Gestaltung lässt sich streiten: Kitschig finden sie die einen, von ihrer verspielten Leichtigkeit schwärmen andere. Die Moschee kann besucht werden. Die Fontäne auf dem riesigen Vorplatz ist nachts bunt erleuchtet. *Old Market | 🕓 30 Min.*

ESSEN & TRINKEN

Viele buchen Halbpension oder all-inclusive und verpassen dadurch die örtliche Restaurantszene, die sich in Sharm wirklich sehen lassen kann. In der Fußgängerzone der *Naama Bay* findest du beim Bummel Dutzende Cafés, Shishabars und Restaurants.

IL FRANTOIO

Schwere Sessel, fein gedeckter Tisch – ein wirklich tolles italienisches Restaurant, um schick auszugehen. In gediegenem Ambiente werden exzellente Gerichte (Pasta, Fisch, Fleisch) serviert. *Tgl. 18.30–23 Uhr | Four Seasons Resort | Tel. 069 3 62 12 00 | €€€*

RANGOLI

Die Currys und Tandooris sind so toll wie die Aussicht des kleinen indischen Restaurants auf die nächtliche Naama Bay. Unbedingt vorher reservieren! *Tgl. 18.30–22.30 Uhr | Mövenpick Resort | Tel. 069 3 60 00 81 | €€€*

POMODORO

In dem seit Jahren beständig guten Restaurant serviert man dir alle Italo-Klassiker: von Bruschetta über Caprese und Pasta bis zu Fleisch und

Fisch. Und es gibt ägyptische Mezze. *Tgl. 19–24 Uhr | Sharia King Bahrain | Naama Bay | Tel. 069 3 60 07 00 | €€–€€€*

LITTLE BUDDHA BAR

Der Szenetreff; eine Mischung aus Restaurant, Lounge und Nachtclub mit dem besten Sushi in ganz Sharm El-Sheikh. Die Cocktails und Säfte sind super, außerdem gibt's tolles asiatisches Dekor mit einer riesigen Buddhastatue. *Tgl. ab 13 Uhr | Tropitel Naama Bay Hotel | Naama Bay | Mobiltel. 0114 5 00 20 31 | littlebuddhaegypt.com | €€–€€€*

FARES

Das Fares ist ein bei Sharms Einheimischen sehr beliebtes Fischrestaurant, und das ist an sich schon eine Empfehlung für dich. Erwarte aber keine Nobelgaststätte. Hier spielt sich das normale ägyptische Leben ab – es ist laut, oft auch ein wenig hektisch. Nachdem du Meeresfrüchte oder Fisch an der Eistheke ausgesucht hast, werden schon einmal lauter kleine Vorspeisenschälchen und Fladenbrot serviert. Kein Alkohol. *Tgl. 12–24 Uhr | Hadaba | Tel. 069 3 66 30 76 | €–€€*

EL MASRIEN

INSIDER-TIPP
Authentisch ägyptisch

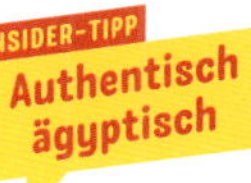

Lust auf deftige ägyptische Küche? Kufta, Kebab, Kuschari und andere Klassiker der örtlichen Hausmannskost gibt es in dem einfachen Lokal, in dem alles bestens schmeckt. *Tgl. ab 12 Uhr | Old Market | Mobiltel. 0122 4 17 75 00 | €€*

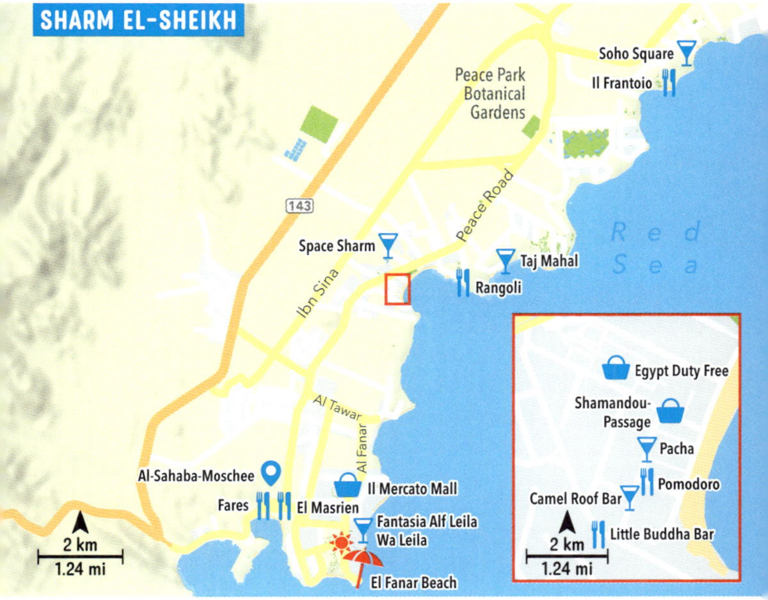
SHARM EL-SHEIKH
Soho Square
Il Frantoio
Peace Park Botanical Gardens
143
Peace Road
Space Sharm
Ibn Sina
Red Sea
Taj Mahal
Rangoli
Al Tawar
Al Fanar
Al-Sahaba-Moschee
Il Mercato Mall
Fares
El Masrien
Fantasia Alf Leila Wa Leila
El Fanar Beach
2 km
1.24 mi
Egypt Duty Free
Shamandou-Passage
Pacha
Pomodoro
Camel Roof Bar
Little Buddha Bar
2 km
1.24 mi

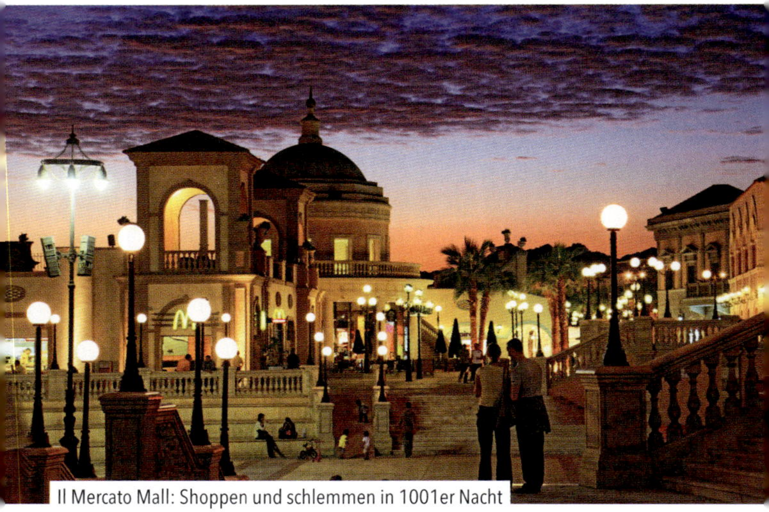

Il Mercato Mall: Shoppen und schlemmen in 1001er Nacht

SHOPPEN

Der größte Supermarkt mit vielen europäischen Marken und auch für Elektronik und Kleidung ist *Carrefour (tgl. 9–1 Uhr | Sharia el Tawar)*.

EGYPT DUTY FREE

INSIDER-TIPP
Wein und Bier zu fairen Preisen

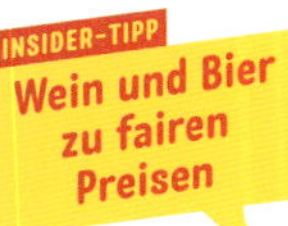

48 Stunden hat man nach der Ankunft im Land Zeit, sich günstig in dem staatlichen Duty-free-Shop mit Alkoholika, Parfum etc. einzudecken – bis zu einem Warenwert von 200 US-$. So schlägst du deinem Hotel für den Sundowner ein Schnippchen. *Sa–Do 12–23, Fr 15–23 Uhr | Fußgängerzone, neben dem Kahramana Hotel | Naama Bay*

SHAMANDOU-PASSAGE

In der Fußgängerzone von Naama Bay findest du gleich neben McDonald's eine Passage, die zwar kein ausgefallenes Kunsthandwerk anbietet – wer tut das schon in Sharm? –, dafür aber auf einem Fleck allerlei Souvenirs versammelt: *Galabayas* (bodenlange Hemdkleider), Schals, Repliken von Sphingen und pharaonischen Figuren, außerdem Shishas und Zubehör. *Naama Bay*

IL MERCATO MALL

Sharm El-Sheikh hat mehrere Shoppingmalls *(Al Khan* und die *La Strada Mall* sowie das *Naama Center)*. Das Flagschiff ist aber die *Il Mercato Mall* mit insgesamt 500 m² Fläche, Markenläden, Lokalen und Coffeeshops. *Tgl. 10–24 Uhr | Hadaba | Facebook: il mercatoshoppingmall*

SPORT & SPASS

GHIBLI RACEWAY INTERNATIONAL

Gib Gas, du willst Spaß. Die Gokartbahn hat vier verschiedenen Pisten, sodass Fahrer jedes Könnens und Alters ihren Spaß haben. Helme und Overalls leihst du vor Ort. *Tgl. 13–24 Uhr | ab 600 £E | Peace Road | neben der Einfahrt zum Hyatt Regency Hotel | Tel. 069 3 60 39 39 | ghibliraceway.com*

KITE-UND WINDSURFEN

Die nördliche Nabq Bay begeistert Surfer mit konstant starkem Wind und guten Wellen. Ein Kitesurf-Anbieter ist z. B. *Colona Watersports (tgl. 9–17 Uhr | Nabq Bay | Mobiltel. 0100 5 45 03 53 | colonawatersports.com).* Wer's etwas individueller mag, fährt von Sharm El-Sheikh aus 40 Minuten nach Al-Tur. Surfspots und professionelle Hilfe gibt es an jedem größeren Hotel.

AQUA BLU

Die meisten verbringen einen ganzen Tag hier: Neben einem Wasserspielplatz für die Kleinen gibt es 62 Rutschen, darunter Tsunami-, Spiral- und eine wirklich herausfordernde Freifallrutsche. Mehrere Restaurants bieten Stärkung. *Tgl. 9–19 Uhr | Eintritt 250 £E | Hadaba | aquablusharm.co.uk*

KAYAKING

Ambitionierte Sportler können bei ruhigem Wasser bis zum nahe gelegenen Leuchtturm, zur Lagune oder zum Canyon paddeln. Eine schöne Möglichkeit, auf dem Meer am Ende des Tags den Sonnenuntergang zu genießen. Touren buchst du über *Sharmer's Excursions (tgl. 9–20 Uhr | am Aqua Park | Mobiltel. 0100 0 45 76 57 | sharmersexcursions.com).*

INSIDER-TIPP
Romantisch paddeln im Abendlicht

ROYAL SEA SCOPE SUBMARINE

Die farbenfrohe Unterwasserwelt bestaunen: Das Boot mit 18 Panoramafenstern unter der Wasseroberfläche unternimmt täglich mehrere Fahrten zu Korallenriffen vor der Küste. *Ticket ab 500 £E | Mobiltel. 0122 2 42 42 89 | egyptsunmarine.com*

STERNE GUCKEN

Ein Ritt auf dem Kamel (oder Quad), dann in der tiefdunklen Nacht unter Anleitung durchs Teleskop die Sterne sehen – „Star Gazing" ist ein unglaubliches Erlebnis. Die nächtlichen Exkursionen gibt es ab 25 Euro, buchbar über dein Hotel oder über *Memnontours (Tel. 069 3 66 19 44).*

STRÄNDE

H2O BEACH

Die Hotels ab der zweiten Reihe haben selten eigene Strände. Macht aber nichts. Am H2O Beach an der Naama Bay bekommst du für ein paar Euro Liege, Schirm, Umkleide und WC. Die Snacks im Café sind günstig. *Tgl. 8 Uhr–Sonnenuntergang | zwischen Novotel und Fayrouz Resort | Naama Bay*

PUBLIC BEACH

Der Strand ist schmal, weit das Meer. Am kleinen Public Beach gibt es Liegen, WCs, Umkleiden und Snacks. *Tgl. 8 Uhr–Sonnenuntergang | Eintritt 20 £E | gegenüber Tam Tam Café | Naama Bay*

EL FANAR BEACH

Für viele Besucher der beste Strand in Sharm El-Sheikh. Er ist nicht nur blitzsauber, sondern auch bekannt für sein

Korallenriff und für ausgelassene Partynächte mit italienischem Essen und Housemusik. *Umm es-Sid | Mobiltel. 0122 7370951 | Facebook: Elfanarbeach*

TERRAZZINA BEACH

An diesem Strand ist statt Ruhe Party angesagt. Man kommt hierher zum Sonnen und Baden, weil man laute Musik hören und am Abend Karaoke und Vollmondpartys erleben will. *Mo–Sa 8–24, Fr bis 21 Uhr | Eintritt 120, Fr 200 £E | Sharm el Moya | Tel. mobil 0100 5006621 | Facebook: Terrazzina*

KHASHABA BEACH

Für alle, die ruhigere Strände suchen, ist dieser Beach im Ras-Mohammed-Nationalpark genau das Richtige. Mit ein wenig Glück sieht man sogar Delphine, von der unberührten Unterwasserwelt gar nicht erst zu reden.

(Korallen-)Rotes Meer: Unter Wasser vor Ras Mohammed erklärt sich der Name

WELLNESS

WELLNESS CENTER FOUR SEASONS

Das Center bietet nicht nur ein erstklassig ausgestattetes Fitnessstudio, sondern auch tollen Yogaunterricht und ein großes Massage- und Wellnessangebot. Wie wär's z. B. mit der edlen Kleopatra-Behandlung *(ca. 150 Euro)* samt Bad in Milch und Honig? *Shark's Bay | Tel. 069 3621200 | fourseasons.com/sharmelsheikh/spa*

AUSGEHEN & FEIERN

Fast alle Hotels haben eigene Bars und etliche größere auch Clubs. Ein beliebter Club ist etwa das *Stargate (tgl. 24–4 Uhr | Domina Coral Bay Hotel | dominacoralbay.com)*. Ein alteingesessener Steak- und Burgerbrutzler, vor allem aber Late-Night-Treff ist das *Hard Rock Café (tgl. 13–3 Uhr | Naama Bay | hardrockcafe.com)*.

SOHO SQUARE

Am Soho Square, einer Mall mit Entertainmentkomplex, herrscht nach dem Einkaufstrubel in der Saison ab Mitternacht Hochbetrieb. Zu den dortigen Topadressen gehören die *Mandarin Bar (tgl. 17–2 Uhr)* und die *Oxygen Bar (tgl. 18–3 Uhr)*, beide sehr stylish. Oder soll's doch eher ein Wodka wie am Nordpol sein? In der *Ice Bar (tgl. 18–24 Uhr)* mit Minusgraden und Eisskulpturen ist es wortwörtlich cool, Kälteschutzmäntel gibt's am Eingang. Absolute Nachtschwärmer zieht es in den schicken *Pangaea Nightclub (tgl. 23–4 Uhr). soho-sharm.com*

TAJ MAHAL

Bei der Dolce-Vita-Party ist jeden Freitag der Laden voll, und der Club ist einer der größten in Sharm, mit riesigem Dancefloor, Bars und internationalen DJs. Auch Livekonzerte. *Fr 23–4 Uhr | Ras Um el Sid | tajmahal sharm.com*

SPACE SHARM

Riesig, nicht ganz billig und einer der beliebtesten Clubs, regelmäßig mit Livekonzerten. *Tgl. 23.30–4 Uhr | Naama Bay | spacesharm.com*

PACHA

Das Pacha (Markenzeichen ist der rote Doppeldeckerbus am Eingang) gilt als Sharms Pionier, was Clubbing angeht. Berühmt sind die House-Nation-Partys, ein Erlebnis die Clubnächte auf dem *Pacha Boat. Tgl. 22–4 Uhr | Sharia King of Bahrain | Sanafir Hotel | Naama Bay | pachasharm.com*

CAMEL ROOF BAR

An guten Abenden sind die Bar auf dem Dach – mit tollem Ausblick – und die beiden Etagen darunter proppenvoll. Kein Wunder, denn Drinks und Essen können sich sehen lassen. *Tgl. 16–3 Uhr | Sharia King of Bahrain | Naama Bay | cameldive.com*

FANTASIA ALF LEILA WA LEILA

Eine Show wie 1001 Nacht. Ein Abend hier beinhaltet ein üppiges orientalisches Dinner, beduinische Livemusik, eine pharaonische Sound & Light Show, Bauchtanz, Reiterartistik, Sufi-Tänzer und Schlangenbeschwörer. *Tgl. ab 19 Uhr Show | Eintritt 400 £E | Hadaba | Mobiltel. 0128 4 47 00 73*

RUND UM SHARM EL-SHEIKH

1 RAS MOHAMMED ★ ⚑

20 km südl. von Sharm El-Sheikh, 25 Min. Fahrt mit dem Auto

Ein Pflichtausflug für Naturbegeisterte: Die schmale Halbinsel besteht aus fossilen Korallen, die an die Oberfläche gedrückt wurden. Sie ragt 3 km ins Meer – bis zum Fuß des sogenannten *Shark's Observatory* an ihrer Spitze, einem 50 m hohen Felsen, gelangst du mit dem Pkw. Von oben hast du einen tollen Blick auf die Riffe im klaren Wasser und kannst mit etwas Glück Haie sehen. An den Stränden westlich des Felsens darf gebadet werden.

Das gesamte Areal gehört zu einem 480 km² großen Nationalpark, an dessen südöstlicher Seite sich eine Mangroveninsel befindet. Insgesamt werden fünf Ökosysteme geschützt: Wüste, Korallenriffe, Küstenbereiche, flache Lagunen sowie das offene Meer. Am bekanntesten sind die vorgelagerten Riffe, die zu den schönsten um Sharm El-Sheikh gehören. Im gesamten Park gibt es mehrere Bilderbuchstrände. Der Hauptstrand *(Main*

Beach) ist freitags und samstags oft überfüllt. Hier wird gern geschnorchelt. Achte auf die Strömung!
Touren kannst du z. B. über *Sharmers Excursions (Mobiltel. 0100 045 76 57 | sharmersexcursions.com)* buchen. Reisepass mitnehmen! *Tgl. von Sonnenauf- bis Sonnenuntergang | Eintritt 100 £E |* *G8–9*

2 TIRAN & SANAFIR ISLAND

Tiran 10 km von Sharm entfernt, Sanafir 30 km, Tagesausflug per Boot
Die Inseln sind Teil des Ras-Mohammed-Nationalparks – noch jedenfalls! Sie werden wegen ihrer strategisch wichtigen Lage auch als Militärstützpunkte genutzt. Eine innenpolitische Krise und Proteste löste Präsident el-Sisi 2016/17 aus, als er die Inseln an Saudi-Arabien verschenkte – oder zurückgab, wie es offiziell hieß. Umgeben sind die nun saudischen Inseln von tollen Riffen, die Taucher mit anspruchsvollen Schiffswracks begeistern. Auch Schnorcheln geht perfekt, oft liegen hier aber viele Ausflugsschiffe gleichzeitig. Bootstouren zu den Inseln kann man in jedem Hotel buchen. *G–H9*

3 NABQ-NATIONALPARK ★

35 km nördlich von Sharm El-Sheikh, 25–50 Min. Fahrt je nach Wartezeit am Checkpoint
Ein sehr schöner Halbtagesausflug führt dich zu den nördlichsten Mangrovenhainen der Welt, in das mit 600 km² Fläche größte Naturreservat Ägyptens. Dieses Schutzgebiet mit seinen bizarren Felsen, Dünen und dem großen Artenreichtum ist in faszinierende Farben getaucht. Mit etwas Glück kannst du Gazellen, Nubische Steinböcke, Falken und Störche sehen. Diese Tour darf nur mit Fahrzeugen mit Allradantrieb und einem kundigen Führer unternommen werden. *G8–9*

DAHAB

(G8) **Keiner weiß mehr, wie genau es anfing, aber vor einigen Jahren hat ★ Dahab plötzlich Berühmtheit als Paradies für Hippies und Aussteiger auf Zeit erlangt.**
Inzwischen hat sich das Ortsbild sehr verändert, ist aufgeräumter und damit auch kommerzieller geworden: Dahab hat eine gepflasterte Promenade erhalten, Papierkörbe und Geldautomaten wurden aufgestellt, überall haben Läden und Cafés eröffnet. Zur Erleichterung vieler Dahab-Fans, die immer wieder hierherkommen, hat sich der Ort (15 000 Ew.) sein abgewetzt-charmantes Flair jedoch bewahren können. Die Atmosphäre erinnert manche an das indische Goa. Denn an Dahabs goldenen Stränden tummelt sich ein buntes Völkchen aus Hippies mit Dreadlocks, New-Age-Familien und Individualreisenden, denen der Küstenort als Basis für Wüstenwanderungen und Tauchtrips dient.
Merken solltest du dir die Namen Mashraba und Masbat: Dort liegt Dahabs Zentrum mit den einfacheren Hotels, den Tauchcentern, Shops, Cafés, dem Nachtleben. Viele Restaurants haben direkten Zugang zum

Meer. Die teureren Hotels befinden sich ein paar Kilometer südlich an der schönen Lagune, einem Paradies für Surfer.

ESSEN & TRINKEN

Nach Sonnenuntergang sind die Uferstreifen von Mashraba und Masbat in die Farben zahlloser Lichterketten getaucht. In den Restaurants und Strandcafés kann man gut und billig essen: ägyptisch, indisch, asiatisch, italienisch sowie Fisch in allen Variationen, der oft vor den Eingängen auf Eisbetten ausliegt. Tagsüber kann man hier frühstücken oder auf Beduinenteppichen dösen und Shisha rauchen. *Jackie's, The Kitchen, Al Capone,* und *Nirvana* sind einige der Läden, wo gegessen, gechillt und gefeiert wird. Edelgastronomie gibt es hier nicht.

AL-FANAR CAFÉ

Auf jeden Fall ein Tipp sind hier die Fischsuppe und die Meeresfrüchte. Pasta, Pizza und Fleischgerichte gibt's auch. Man sitzt auf gemütlichen Sofas bei Chilloutmusik unmittelbar am Ufer. *Tgl. 10–24 Uhr | Masbat | Mobiltel. 0106 0 46 22 42* | €–€€

FRIENDS

INSIDER-TIPP
Quer durch die Welt gefrühstückt

Die Terrasse mit Meerblick ist grandios, die Mezze, Fischgerichte und Gemüsepfannen sind es meistens. Nett ist die Frühstücksauswahl: ägyptisch, amerikanisch, deutsch, englisch. *Tgl. | Masbat | Mobiltel. 0109 1 70 65 65 | Facebook: friends.restaurant.1988* | €€

ALI BABA

Fisch, Meeresfrüchte, Fleisch, Gemüse – hier stimmt alles. Neben dem

Fans von Staunässe: die Mangrovenpflanzen im Nabq-Nationalpark

Surfer vor Fototapete? Falsch, in Dahab sind die Berge echte Kulisse – und Windgaranten!

Speisebereich findest du die Sofalounge mit Blick aufs Meer; nicht ohne Grund eines der populärsten Strandrestaurants im Ort, das aber auch etwas teurer ist als die Konkurrenz. *Tgl. 10–1 Uhr | Masbat | am Ufer | Mobiltel. 0101 92 91 70 | €€*

DOWN TOWN TOTA

Auf der Meerseite der südlichen Bucht liegt das Caférestaurant, in dem Gäste direkt am Strand auf der Schaukel oder auf Liegen chillen. *Tgl. 10–1 Uhr | Masbat | Mobiltel. 0101 8 12 02 88 | €*

RAMEZ & PAOLA

Ruhiger und etwas gediegener, als es der Dahab-Style sonst mit sich bringt. Das Restaurant serviert neben Pizzen und Pasta, die Besitzerin Paola (ja, eine Italienerin) selbst zubereitet, auch Fleisch und Fisch. Alles sehr gut. *Tgl. 17–24 Uhr | Mashraba | Uferpromenade | Mobiltel. 0122 5 57 96 41 | €€*

SHOPPEN

Der *Souk,* Dahabs Basar, beginnt am Ufer von Masbat und bietet auf einigen Hundert Metern die übliche Ägyptenfolklore: Souvenirs, Kunsthandwerk, Papyrus, Gold- und Silberschmuck. Größter Supermarkt ist der *Ghazala Market* unweit der Polizeistation. Alkoholische Getränke gibt's im *Bottle Shop* an der Fußgängerbrücke.

BOOK SHOP

INSIDER-TIPP **Futter für Leseratten**

Der unerwartet gut sortierte Buchladen neben dem Bottle Shop hat zwar kaum brandneue Bücher, dafür aber eine Riesenauswahl an Romanen und Sachbüchern, auch auf Deutsch, dazu ein eigenes Regal mit Werken des ägyptischen Literaturnobelpreisträgers Naguib Mahfouz. *Tgl. 11–23 Uhr | Masbat | an der Fußgängerbrücke*

SPORT & SPASS

Ob Surfen, Kiten, Tauchen, Wüstentrip, Kameltour oder Mountainbikesafari, das Angebot in Dahab ist riesig und allgegenwärtig. Viele Hotels, die auch die Buchung organisieren, haben eigene Surf- und Tauchschulen an ihren Stränden.

DAHAB SAFARI

Spezialisiert auf Safaris aller Art, Kamelausflüge im gesamten Sinai sowie Touren in Ägypten, nach Israel und Jordanien (u. a. Petra: Tagestour ab 190 Euro). *2 Tage Wüste mit Camping und Abendessen am Lagerfeuer ab 100 Euro | im Zentrum des Basars | Mashraba | Tel. mobil 0122 82 16 29 89 | dahabsafari.info*

RED SEA ENVIRONMENTAL CENTRE

In der Feldstation des Forschungsinstituts in Dahab kannst du als Tauchfan das Schöne mit dem Nützlichen verbinden: Bei Putz- und Monitoring-Aktionen an den Riffen gewinnst du meeresbiologische Grundkenntnisse und bekommst Tauchtouren zu einem Sonderpreis. Infos bei *Sinai Divers Backpackers (Mobiltel. 0100 7 70 76 83 | sinaidivers.com)* und auf *redsea-ec.org.*

ROYAL SEASCOPE SUBMARINE

Mit diesem Halb-U-Boot fahrt ihr 1½ Stunden raus aufs Meer und erlebt die Unterwasserwelt: Riffe, Korallen, Fischschwärme. *Tgl. 10 und 13 Uhr | ab 500 £E | Mobiltel. 0122 7 78 46 37 oder Buchung über das Hotel | egyptsunmarine.com*

SURFEN & KITEN

Dank des Thermiksogs der Bergwelt ist Dahab ein klasse Surfrevier. Im südlichen Teil des Orts erstreckt sich ein erstklassiges Flachwassergebiet für Einsteiger. Weit hinter den Riffen brechen lange, bis zu 3 m hohe Dünungswellen – genau das Richtige für die Cracks. Vom Equipment bis zum Kurs gibt es alles hier. Gleich mit zwei Surfcentern ist *Harry Nass (Tel. 069 3 64 05 59 | harry-nass.com)* vertreten. Das Revier bei *Nass 1 (Tirana Dahab)* ist für alle geeignet, Familien wie Anfänger. Fortgeschrittene steuern *Nass 2 (Jaz Dahabeya Hotel)* an. Ein Anfängerkurs *(10 Std. plus Material)* kostet ab 200 Euro, drei Tage Materialmiete ab 130 Euro.

TAUCHEN & SCHNORCHELN

Dahabs Tauchgründe sind berühmt. Für Anfänger und Könner gibt es Dutzende Tauchcenter, u. a. an der Promenade *Orca Dive (Masbat | Mobiltel. 0100 6 87 17 65 | orcadivedahab.com),* weiter südlich *Shanti Freedivers Dahab (Mashraba | Mobiltel. 0112 0 14 41 73 | Facebook)* und die alteingesessenen *Inmo Divers (Mashraba | Tel. 069 3 64 03 70 | inmodivers.de).* An der südlichen Lagune organisieren *Black Rock Divers (blackrockdivecentre.com)* neben Kursen und Ausflügen auch Fotosafaris für Taucher. Open-Water-Kurse gibt's in Dahab ab rund 180 Euro.

Wenn du schnorchelst, empfiehlt sich an der Lagune das schöne Napoleon-Riff. Von den Strandcentern der Lagunenhotels aus kostet der einstündige Bootstrip mit Schnorchelausrüstung ab 15 Euro.

UNTERWASSERMUSEUM AM LIGHTHOUSE-RIFF

Hinab ins Meer! Das Projekt der privaten Öko-Community *i-Dive Tribe (Facebook: idivetribepage)* ist sensationell: In Zusammenarbeit mit Umweltexperten platzierten Taucher vor Dahabs Lighthouse-Riff riesige Skulpturen unter Wasser, darunter einen 800 kg schweren Elefanten aus recyceltem Altmetall, eine Statue von Bes, dem pharaonischen Gott der Freude, sowie Horus, den falkenköpfigen Gott der Sonne. Die offenen Rohre der Metallobjekte wurden von Fischen und Korallen sofort als Lebensraum vereinnahmt. Im Lauf der Zeit werden sich um die Skulpturen neue Riffe bilden und die Kunstwerke mit dem Riff verwachsen. Tauchausflüge, z. B. von *Deep Blue Divers (Kosten ab 40 Euro | Masbat | Mobiltel. 0122 1134668 | divedahab.com)*, führen zu dem Unterwasserpark. *1½ Std*

STRÄNDE

Dahab bedeutet im Arabischen Gold, und das ist auch annähernd die Farbe der Sandstrände hier. Mit die schönsten davon liegen an der südlichen Lagune und gehören zu den höhersternigen Hotels. Diese bieten Nicht-Gästen Tagesnutzung („day use") an. Viele Cafés und Restaurants nahe dem Leuchtturm in Masbat sind direkt am Wasser gebaut. Du schnappst dir eine Liege, Stufen führen ins Meer, in dem Tauchanfänger der nahen Dive Center üben und auch Schnorchler ihren Spaß haben.
Alternative für Poolfans: Das Becken des *Nesima Resorts* in Masbat ist auch für Nicht-Gäste zugänglich *(Tagesgebühr 90 £E)*.

PUBLIC BEACH

Ein paar Schritte neben dem Jaz Dahabeya Hotel findet sich an der Lagune der saubere Public Beach mit Duschen und WC. Es gibt wenige Sonnenschirme, also selber einen mitbringen. *Zugang übers nebenan gelegene Baby Fish Beach Café*

AUSGEHEN & FEIERN

Für Dahab gilt: Alles geht locker zu. Der Abend beginnt hier spätestens mit dem Sonnenuntergang, wenn viele Lokale zur Happy Hour *(meist 17–21 Uhr)* einladen. Klassische Bars gibt es allenfalls in den Hotels.

CHURCHILL'S

Die entspannte Bar mit Dachgarten ist bei den Expats in Dahab ein angesagter Treff, auch um Fußball-Liveübertragungen zu gucken. Tolle Stimmung. *Tgl. 11–2 Uhr | Red Sea Relax Hotel | Masbat*

YALLA BAR

Die Happy Hour lockt viele schon am frühen Abend in die Restaurantbar, in der es ab und an Livemusik gibt, gute mediterrane Küche übrigens auch.

INSIDER-TIPP
Ein ganz entspannter Tag am Meer

Tagsüber kann man am hauseigenen Ministrand am Meer chillen und schwimmen gehen. *Tgl. 7–3 Uhr | nahe Leuchtturm | Masbat | Tel. 069 3642166 | Facebook: Ya11aBar*

RUND UM DAHAB

Ausflüge in die Berg- und Wüstenwelt mit einem Jeep, Taxi oder dem Kamel, z. B. zum Katharinenkloster, buchst du im Hotel, Camp oder Tauchcenter bzw. bei den Anbietern an der Promenade.

4 WADI QNAI

8 km südlich von Dahab, 25 Min. mit dem Auto

Wie wär's mit einem selbst mitgebrachten Frühstück zum Sonnenaufgang oder einem romantischen Picknick? Eine ein- bis zweitägige Tour auf dem Kamel führt durch eindrucksvolle Schluchten und an Beduinensiedlungen sowie Süßwasserquellen vorbei. Unterwegs triffst du auf eine ziemlich üppige Vegetation. Wenn du möchtest, kannst du ein einsames Bad im Meer genießen. *G8*

5 RAS ABU GHALUM ★

20 km nördlich von Dahab, erreichbar per Jeep in 30 Min., per Kamel oder nach dreistündiger Wanderung

Der Naturpark ist ein ganz besonderer Platz mit einem Artenreichtum und einer Landschaft, wie es sie auf dem Sinai nur hier gibt. 44 der hier wachsenden Pflanzen sind nirgendwo sonst auf der Halbinsel zu finden. In dem über 400 km² großen Gebiet zwischen Dahab und Nuweiba gibt es außer einem Campingplatz und vielen Wanderwegen kaum touristische Infrastruktur. Die ansässigen Beduinen bieten Reisenden Fischgerichte an, und nahe dem Wadi Rasasah kann man vermittelt von der Parkaufsicht Guides nebst Kamelen mieten. Auch ein Abstecher zum verlassenen Beduinendorf Bir El-Oghda oder zur Quelle Bir Sugheir lohnt sich. Die Beduinen vermieten einfache Unterkünfte. *G7*

Von wegen nix Grünes – der Sinai lebt!

NUWEIBA

(🕮 G6) **Viel Strand, noch mehr Ruhe: Das beschauliche, aufgeräumt wirkende 👁 Nuweiba (ca. 20 000 Ew.) hat Fans, die gerade wegen der Stille fernab des Pauschaltourismus und der weiten Strände immer wieder herkommen.** Im kleinen Ortskern, der Medina, findest du rund um den Basar mit dem etwas großspurig benannten *City Stars Shopping Center* Geschäfte, auch für Souvenirs und Kunsthandwerk, sowie Restaurants und einfache Cafés. Das Nachtleben, sofern der Begriff hier überhaupt passt, spielt sich in den Hotels ab. Touren in die Bergwelt des Sinai sind etwas günstiger als anderswo. Auskunft dazu erhältst du in den Kaffeehäusern und Lokalen sowie in den Camps und Hotels oder unter *nuweibabeach.com*. Vom Hafen aus verkehren täglich Fähren ins jordanische Aqaba. Tickets gibt es im *Maritime Office (tgl. 8–24 Uhr | Tel. 069 3 52 03 65 | abmaritime.com.jo)* ab 35 Euro. Das Visum für Jordanien erhält man bei der Einreise (Hinweise unter „Einreise" auf S. 125).

ESSEN & TRINKEN

AL BOSTAN TOWN LOUNGE

In dem beliebten Gartenlokal sitzt du am Basar. Zu Softdrinks, Tee und Kaffee gibt's Snacks und Shisha plus kos-

Eine Delphinbegegnung beim Schnorcheln? Könnte sein. Aber bitte rücksichtsvoll sein

tenloses WLAN. *Tgl. 10–19 Uhr | Medina | Mobiltel. 0112 060 99 55 | €*

DR. SHISHKEBAB

Der Klassiker seit 1986 für Bohnen- und Falafelsandwiches sowie Grillgerichte und einfache ägyptische Speisen. Hübsche Terrasse. Besitzer Mahmoud spricht übrigens Deutsch. *Tgl. 10–24 Uhr | Medina | Mobiltel. 0100 2 94 08 69 | €*

GANET EL ASMAK

Der Name bedeutet Fischparadies.

Einheimische schätzen das kleine Lokal mit dem wuchernden Gärtchen als die wohl beste Adresse im Ort für Fangfrisches, darunter natürlich auch Meeresfrüchte. *Tgl. 12–22.30 Uhr | Medina | Mobiltel. 0106 1 85 91 81 | €–€€*

CLEOPATRA

Angenehmes Lokal mit ägyptischer Küche. Tipp: die Calamares und Shrimps. *Tgl. 11–23 Uhr | Sharia Nuweiba | Mobiltel. 0106 9 81 02 25 | €€*

MATAAMAK

Das Restaurant im Camp und Ökodorf Habiba ist nicht nur für seine Lage direkt am Strand bekannt, sondern auch für das üppige, leckere Mittagsbüfett und die Barbecues unterm Sternenhimmel. *Tgl. 9–23 Uhr | im Habiba Village | Mobiltel. 0122 2 17 66 24 | habibacommunity.com | €€*

SHARKAWY

Mezze gibt's hier; Kebab und Filet sind in dem populären Wohlfühllokal gut, die Fischgerichte aber top. *Tgl. 12–22.30 Uhr | Sharia Nuweiba | Mobiltel. 0100 4 00 21 06 | €–€€*

STRÄNDE

Es gibt in Nuweiba keinen Strand, der nicht schön ist. Besonders feinsandig ist der des *Habiba Camps,* von scheinbar unendlicher Weite der des großen *Coral Resorts (Tagesnutzung 180 £E).* Golden schimmern die Strände von *Tarabin,* mit kleinen Riffen sind sie auch zum Schnorcheln geeignet.

RUND UM NUWEIBA

6 NAWAMIS

45 km von Nuweiba entfernt, ca 40 Min. Fahrt nach 'Ain Khudra, von dort 45 Min. mit dem Kamel

Rätselhaft sind sie, die kleinen Häuser, 5000 Jahre alt, aus mörtellos zusammengefügten Steinen, die ihren Namen von den Beduinen erhalten haben. Alle ihre Eingänge sind nach Westen hin ausgerichtet. Wahrscheinlich wurden die 2 m hohen prähistorischen Bauten einst als Gräber errichtet. Die Sandpiste zu ihnen zweigt Richtung Süden von der Straße Nuweiba-Katharinenkloster wenige Kilometer westlich der Cafeteria bei der Oase 'Ain Khudra ab. Die ca. 4 km lange Piste führt auch an einem einzelnen Felsen vorbei, auf dem Zeichnungen aus dem 4. Jh. v. Chr. zu sehen sind. Sie stellen u. a. Tiere dar. G7

7 HAGGAR MAKTUB

38 km von Nuweiba entfernt, 40 Min., dann von der Straße Nuweiba-Katharinenkloster ca. 5 Min. mit dem Jeep

Etwa 1 km nördlich der Straße von Nuweiba zum Katharinenkloster, wenige Hundert Meter westlich der Cafeteria, von der aus es nach 'Ain Khudra geht, befindet sich ein einzeln stehender Felsen, dessen Name auf Deutsch etwa „Felsen der Inschriften" bedeutet. Auf ihm sind Zeichnungen aus verschiedenen Epochen zu sehen, u. a. aus nabatäischer und griechisch-römischer Zeit sowie aus der Zeit der Kreuzzüge. *G7*

8 'AIN KHUDRA

40 km, ca. 3 km davon Piste, ca. 1 Std. mit Jeep

Ein bisschen Bibel muss jetzt sein: Die malerische Oase, deren Name „grüne Quelle" bedeutet, soll das biblische Hazeroth sein, wo Gott Miriam sieben Tage lang mit Aussatz strafte. Sie und ihr Bruder Aaron hatten es dem Alten Testament zufolge Moses übel genommen, die Kuschiterin Zippora zur Frau genommen zu haben. Und sie stellten seinen Alleinvertretungsanspruch infrage: „Redet denn der Herr allein durch Mose? Redet er nicht auch durch uns?" (4. Mose 12, 2).

'Ain Khudra befindet sich knapp 20 km nördlich der Straße von Nuweiba zum Katharinenkloster. Ein kleines Café markiert den Punkt, an dem du die Piste Richtung Norden verlassen musst – etwa 7 km westlich der Kreuzung, an der die Straßen von Nuweiba, Dahab und vom Katharinenkloster aufeinandertreffen. Das Grün der Pflanzen der von Beduinen bewirtschafteten Oase bildet einen hübschen Kontrast zum Gelb und Rot von Sand und Felsen. In der Mitte befindet sich eine Quelle. Unweit von 'Ain Khudra liegt außerdem der *White Canyon*, eine schmale, weißgraue Schlucht. *G7*

9 TARABIN

2 km nördlich von Nuweiba, 15 Min. mit dem Auto

Noch besitzt die einstige Beduinensiedlung ihren unorganisierten Hippiecharme und man kann in Bambushütten für kleines Geld übernachten. Man muss aber auch sagen: Wegen der Tourismusflaute der letzten Jahre sind viele Camps verlassen und verfallen allmählich. In den wenigen verbliebenen Strandcafés in Tarabin kann man aber gut und billig essen, vor allem frischen Fisch, oder sich bei Wasserpfeife und einem Bier vom wogenden Meer hypnotisieren lassen. *G6*

10 COLOURED CANYON 

40 km von Nuweiba entfernt, ca. 2 Std. mit dem Jeep

Ein Traum für Fotografen: Die Schlucht der Farben ist ein schmales Tal, das seinen Namen zu Recht trägt. Die von Wasser und Wind ausgewaschenen Felsen leuchten in den unterschiedlichsten Gelb-, Braun- und Rottönen. Sie bilden faszinierende Muster, die ihre Farbintensität behalten haben, weil vor Ort stets Dämmerlicht herrscht. Eine Tour kostet pro Tag inklusive Transport (Kamel oder Jeep), Verpflegung und Führung ab 800 £E. Kleiner Tipp: Verbinde den Ausflug mit einer Übernachtung im Wadi El

Mat (Schlafsack, festes Schuhwerk und warme Kleidung nicht vergessen)! Unter dem weiten Sternenhimmel der Wüste wird ein einfaches Mahl zubereitet, das dank der atemberaubenden Kulisse schnell zu einem der besten Abendessen deines Lebens wird. Du kannst deinen Besuch im Canyon auch gut mit einer Wander- oder Jeeptour zum Katharinenkloster (s. S. 66) verbinden. *G6*

11 CASTLE ZAMAN

35 km nördlich von Nuweiba, 20 Min. mit dem Auto

Hany Ghabrys selbst errichtete Burg, die über der Küstenstraße thront, ist ein Designertraum aus Naturmaterialien: ein Mix aus modern und traditionell, dabei konsequent ökologisch. Hoch überm Meer kannst du hier einen Tag am schönen Pool oder in einer der Lounges verbringen und das einzige Slow-Food-Restaurant weit und breit erleben. Zum Abendessen wählst du eine der tollen Kreationen, entspannst bei guten Getränken und Musik. Erholung pur! *Tgl. 12–23 Uhr | Eintritt inkl. Menü 45 Euro | Mobiltel. 0128 2 14 05 91 | castlezaman.com | €€€ | H6*

INSIDER-TIPP **Genießen auf der Burg**

Hoch zu Kamel kommst du im gemächlichen Schaukelgang durch den Coloured Canyon

TABA

(H5) **Hier bist du im Dreiländereck von Ägypten, Israel (Eilat) und Jordanien (Aqaba). Die Siedlung Taba, die vom Grenzverkehr von/nach Eilat lebt, ist hübsch und aufgeräumt.**

Sie bietet selbst keine Sehenswürdigkeiten. Aber einige schöne Hotels warten in völliger Abgeschiedenheit auf Gäste, die mit einer großartigen Landschaft belohnt werden. International bekannt wurde Taba durch Friedensgespräche zwischen Palästinensern und Israelis, die im damaligen Taba Hilton stattfanden. Das Hoteldorf *Taba Heights* liegt 20 km südlich des Orts.

ESSEN & TRINKEN

Die guten Lokale der Gegend findest du in den großen Hotels. Das *Tuscany (tgl. 19–22 Uhr | Tel. 069 3 58 01 00 | bayview.tabaheights.com | €€€)* im Taba Heights Bayview Resort serviert ausgezeichnete italienische Küche. Ein besonderes Angebot ist das Dinearound-Erlebnis: Gäste von Taba Heights haben nicht nur die Möglichkeit, im hoteleigenen Restaurant zu essen, sondern auch Tische u. a. im genannten *Tuscany* und dem *L'Asiatique (Mosaique Beach Resort | Tel. 069 3 58 08 00 | €€€)* zu reservieren, das thailändische, chinesische und japanische Küche serviert.

CASA TABA

Damit rechnest du in Taba City, am Ende Ägyptens, sicher nicht: ein feines italienisches Restaurant zu finden. Pasta, Fleisch und exzellenten Fisch serviert man dir in der am Meer gelegenen Casa. Die Weinkarte ist international. Vorab reservieren! *Tgl. 19–22 Uhr | an der Promenade im Steigenberger Hotel & Nelson Village | Tel. 069 35 30 140 | €€–€€€*

SPORT & SPASS

WATER WORLD

Ein Wassersportzentrum auf hohem professionellen Niveau mit großem Angebot und Betreuung: Tauchen (auch Ausrüstungsverleih und Touren), zudem Kreuzfahrten mit Segelyachten, Wasserski, Windsurfen etc. *Tgl. 8–17, im Sommer bis 18 Uhr | südl. von Taba Heights | Mobiltel. 0122 0 02 67 28 | redseawaterworld.com*

Die Pharaoneninsel: ein bisschen Seefahrer-Burgen-Romantik im Land der Pyramiden

RUND UM TABA

12 THE FJORD (MARSA MURAKH) ★

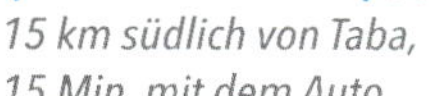

15 km südlich von Taba, 15 Min. mit dem Auto

Schon der Ausblick von der Anhöhe der Küstenstraße ist grandios. Die schönste Bucht Ägyptens steht unter Naturschutz und ist ideal zum Baden im türkisblauen Wasser – und zum Sonnen. Aber auch die Korallenriffe vor der Küste sind herrlich und ein echtes Highlight für Taucher. Selbst erfahrene Sportler betrachten das *Fjord Hole* mit 16 m Tiefe als echte Herausforderung, doch die artenreiche Fischwelt in der Tiefe entschädigt für jede Mühe. Eine gute Alternative für weniger wagemutige Taucher ist das *Fjord Banana* mit einer Tiefe von bis zu 12 m. Außerdem gibt es eine einfache Freiluftcafeteria an der Straße mit grandioser Aussicht, dafür jedoch ziemlich überteuerten Getränken. *H5*

13 GEZIRET AL-FARA'UN ★

10 km südlich von Taba, 10 Min. mit dem Auto

Mit dem Boot geht es in wenigen Minuten zu dieser imposanten Festung. Im Jahr 1115 erbauten Kreuzritter an einer wichtigen Handelsroute die malerische Burg auf der Insel Geziret al-Fara'un, der Pharaoneninsel, die 55 Jahre später von Salah al-Din (Saladin) erobert wurde. Schnorcheln und Tauchen kann man hier übrigens auch. *Boote tgl. 10 und 14.30 Uhr | Überfahrt vom Salah el-Din Hotel | Buchung Mobiltel. 0111 2982172 | 480 £E inkl. Softdrinks | H5*

14 EILAT

11 km von Taba entfernt, zu Fuß über die Grenze, dann weiter mit dem Taxi

Tagesausflüge in den israelischen Ferienort, wo das Urlaubsleben nur so tobt, sind möglich. Dort kannst du mit Delphinen am *Dolphin Reef (Infos, auch zum Umgang mit den Tieren, auf dolphinreef.co.il)* schnorcheln und im *Underwater Observatory (coralworld.co.il/german)* 6 m unter die Wasseroberfläche hinabsteigen.

INSIDER-TIPP
Nightlife auf Israelisch

Oder du genießt einfach bei Sonnenuntergang auf einer Restaurantterrasse den wunderschönen Blick auf den Golf von Aqaba. Was Eilat außerdem auszeichnet, ist sein Nachtleben, das mit zum besten der Region gehört. International ist auch das Restaurantangebot.

Regelung am Grenzübergang Taba–Eilat: Bei der Rückkehr nach Ägypten erhebt das Land eine Einreisesteuer in Höhe von 400 £E. Wichtig, du brauchst ein ägyptisches Wiedereinreise- *(Reentry-)* bzw. ein Mehrfachvisum! Erkundige dich vorab im Hotel oder am Grenzübergang. Bei der Ausreise verlangt Israel eine Steuer von knapp 30 Euro. Der Grenzübergang ist rund um die Uhr geöffnet, aber an manchen Feiertagen geschlossen. Zwischen der Grenze und Eilat fahren Stadtbusse und Taxis. Euro, nicht aber ägyptische Pfund, kannst du problemlos in israelische Schekel wechseln; Geldautomaten gibt es reichlich. *H5*

WEST- & ZENTRALSINAI

IN DEN WILDEN BERGEN

Das Meer weit weg, die Gebirgslandschaft unwirtlich und karg, unterwegs haben womöglich Kamele die Straße blockiert. Seit Jahrhunderten nehmen Pilger aus aller Welt die – früher mehr als heute – beschwerliche Reise auf sich, um dorthin zu gelangen, wo Gott einst zu Moses sprach: durch eine biblische Landschaft zum Mosesberg mit dem malerischen Katharinenkloster.

Kommst du vom ägyptischen Festland auf die Sinai-Halbinsel, passierst du den Ahmed-Hamdi-Tunnel unter dem Suezkanal und be-

Alt, älter, Katharinenkloster: Die heiligen Mauern stehen seit rund 1500 Jahren

findest dich danach nicht mehr auf dem afrikanischen, sondern dem asiatischen Kontinent. Wie ein Keil scheint sich der Sinai zwischen die beiden Erdteile zu schieben. Die Küstenstraße Richtung Sharm El-Sheikh, am Golf von Suez entlang, bietet außer einigen Strandhotels in netter Lage wenig Sehenswertes. 200 km südlich des Tunnels führt dann eine Straße nach Osten ins Innere der Halbinsel, mitten hinein in eine faszinierende Bergwelt. Diese Felsenlandschaft ist es, die den Sinai berühmt gemacht hat.

WEST- & ZENTRALSINAI

MARCO POLO HIGHLIGHTS

★ **KATHARINENKLOSTER**
Das älteste ununterbrochen bewohnte Kloster der Christenheit ➤ S. 66

★ **GEBEL MUSA (MOSESBERG)**
Der Berg ist Juden, Christen und Muslimen heilig. Hier hat Moses laut Altem Testament die Zehn Gebote empfangen ➤ S. 70

★ **GEBEL KATRIEN (KATHARINENBERG)**
Der höchste Berg auf der Sinai-Halbinsel ➤ S. 70

★ **GEBEL FUGA**
Säulen aus Lava bilden hier einen ganzen Wald ➤ S. 72

Berühmt ist der Sinai auch wegen der biblischen Erzählung, dass die mehreren Tausend vom Propheten Moses geführten Israeliten während ihres Auszugs aus Ägypten Richtung Gelobtes Land hier durchzogen. So gelten der Westen und die Mitte der Halbinsel zusammen mit der Gegend um das Antonius- und das Pauluskloster als Geburtsstätte des christlichen Mönchswesens. Heiliges Land.

ST. KATRIEN

(🕮 F7–8) **Knapp 5 km unterhalb des Katharinenklosters liegt der kleine Ort Al-Milga, auch St. Katrien genannt.**

Durch eine bizarre Gebirgslandschaft führt die Straße hinauf in den Ort, wo sich Hotels, einige Geschäfte sowie das Visitors Centre befinden. Keine Frage: Das absolute Highlight hier ist das berühmte Kloster.

SIGHTSEEING

VISITORS CENTRE

In sieben Steinhäuschen, die der Nabatäer-Architektur nachempfunden sind, werden Tier- und Pflanzenwelt, Geologie und Besiedelungsgeschichte des Nationalparks erklärt. *Hauptstraße am Ortseingang | Eintritt 40 £E | ⏲ 30 Min.*

KATHARINENKLOSTER ★

Der Sinai und die frühen Christen: Zur Zeit der Christenverfolgung durch die Römer, vermutlich im 1. und 2. Jh. n. Chr., ließen sich hier fromme Einsiedler nieder, die anfangs in Höhlen hausten. Aber bald schon versammelten sie sich an den Wochenenden und errichteten einfache Zweckbauten. Aus Siedlungen dieser Art entstanden schließlich die ersten Klöster – festungsähnliche Bollwerke. So kommt es einem vor, wenn man vor dem Tor des griechisch-orthodoxen Katharinenklosters am Fuß des Bergs steht. Bis zu 15 m sind die Mauern hoch.

Du befindest dich nun dort, wo nach der Bibel Gott aus dem brennenden Dornbusch zu Moses gesprochen hat. Für Juden, Christen und Muslime, die Moses ebenfalls als Propheten verehren, ist das gesamte Areal heiliges Land. 2002 wurde es von der Unesco zum Weltkulturerbe erklärt.

Während die Pilger aus aller Welt nichts Biblisches an diesem Ort verpassen wollen, suchen die gut zwei Dutzend Mönche hier ein eher weltabgewandtes, asketisches Leben, das sie Gott widmen möchten, weshalb das Kloster nur vormittags seine Pforte öffnet. An manchen Tagen strömen dann über 1000 Menschen hinein. Dabei ist nur ein kleiner Teil des Komplexes öffentlich zugänglich.

Das Katharinenkloster ist die kleinste Diözese der Welt und gleichzeitig die weltweit älteste noch bewohnte Mönchssiedlung. Der römische Kaiser Justinian ließ das Kloster vor über 1400 Jahren errichten, nachdem bereits Jahrhunderte zuvor fromme Einsiedler hier gelebt hatten. Diese besaßen eine Kapelle, die der zum Christentum konvertierte römische Kaiser Konstantin im Jahr 330 gestiftet hatte. Doch erst 200 Jahre später wurde das Areal dann im Auftrag Justinians mit einer Schutzmauer versehen. Seinen Namen verdankt das Kloster der heiligen Katharina aus Alexandria, die Anfang des 4. Jhs. während der Christenverfolgung getötet wurde. Engel sollen ihre Gebeine auf den Gebel Katrien (2637 m), den höchsten Berg auf dem Sinai, gebracht haben. Noch heute holen die Mönche zur Andacht die geschmückte, skelettierte Hand der Katharina hervor.

Klostermuseum (Eintritt 25 £E): Verschiedene Schutzbriefe garantierten den Mönchen jahrhundertelang Sicherheit, darunter einer des Propheten Mohammed. Eine Kopie des Originals, dessen Echtheit bislang nicht bewiesen ist, hängt im Museum. Hier siehst du außerdem wertvolle Bibeln und eine Auswahl der über 2000 farbenprächtigen Ikonen in vielen Varianten, die das Kloster zu einer der weltweit wichtigsten Ikonensammlungen machen.

INSIDER-TIPP
Ein Bildarchiv zum Staunen

Basilika: Höhepunkt des Klosterbesuchs ist die mit Kronleuchtern, Kerzenständern, Mosaiken, Bildnissen und Holzarbeiten geschmückte byzantinische Basilika , die du durch ein geschnitztes Portal (11. Jh.) betrittst (Fotografieren ist hier verboten). Ihr Prunkstück ist die prächtig vergoldete Bilderwand (Ikonostase; 16. Jh.).

Dornbusch: Gegenüber dem Eingang zur Vorhalle befindet sich der Mosesbrunnen, wo Moses seine Frau getroffen haben soll. Die Dornbuschkapelle, den heiligsten Ort des Klosters, findest du an der Nordseite der Basilika; sie ist nicht zugänglich. Hier soll sich einst der brennende Dornbusch befunden haben; an der Stelle steht ein jüngeres Exemplar. Ebenfalls nicht zugänglich ist die Bibliothek, die neben dem Vatikan die weltweit wertvollste Sammlung christlich-religiöser Manuskripte besitzt, darunter eine Kopie des ältesten Neuen Testaments.

Bildergeschichte: Das Katharinenkloster hütet eine Fülle von Ikonen

Moschee: Im Kloster gibt es zudem eine Moschee. Sie entstand um das Jahr 1106, um einen fatimidischen Kalifen zu beschwichtigen – welchen, das ist bis heute umstritten.

Mo–Do und Sa 9–11.45 Uhr, an griechisch-orthodoxen Feiertagen geschl. | Eintritt Kloster frei, 50 £E Spende für

das Klostermuseum | sinaimonastery.com | 2 Std.

ESSEN & TRINKEN

Im Ort findest du neben den Hotelrestaurants kleine Imbisse. Man serviert Gegrilltes, Hähnchen, Pizza, Suppen und einfache Nudelgerichte. Snacks und Getränke gibt es am Kiosk im Kloster und in dem kleinen Café beim Guesthouse außerhalb. Ein ähnliches Speiseangebot haben das *Katrien Resthouse* und die *Kafeteria Ikhlas (beide unweit der Moschee | €)*.

SHOPPEN

Am Parkplatz unterhalb des Klosters, dort wo du durch die Sicherheitskontrolle gehst, liegt die kleine Basarstraße; verkauft werden hier außer Getränken und Snacks eher überteuerte Tücher, Souvenirs, Devotionalien und Krimskrams.

FANSINA

Handarbeit als Selbsthilfe: Die Kooperative aus über 300 Beduinenfrauen aus der Gegend stellt Kissenbezüge, Taschen, Zuckersäckchen, Schmuck und andere Dinge in traditionellem Stil her. Die Frauen arbeiten auch mit internationalen Designern wie der Deutschen Susanne Kümpers zusammen. *Tgl. 9–15 Uhr | fansina.net*

SPORT & SPASS

In dieser Region dreht sich fast alles um Trekking und Wandern. Dabei setzen die Veranstalter zunehmend auf grünen Tourismus und Themenwanderungen.

WANDERN

Morgens mit einem Führer auf den Mosesberg? Oder doch lieber eine kleine Wüstentour unternehmen? Kannst du machen: Verborgen hinter dem Berg Sinai liegt die von Beduinen betriebene *Mount Sinai Ecolodge (Tel. 069 3 47 08 80 | sheikhsina.com)* in Laufdistanz zum Katharinenkloster. Sie bietet Berg- und Wüstentouren unter der ortskundigen Begleitung von Beduinenführern.

KRÄUTER SAMMELN

Das Gebiet rund um den Berg Sinai (Gebel Musa) gilt seit Jahrhunderten als Kräutergarten der Beduinen. Manuskripte, die verraten, welche der dort wachsenden Pflanzen als Heilmittel für Krankheiten gelten, werden seit Generationen in den Familien weitergegeben. Gegen ein Trinkgeld sind dir Beduinen im kleinen Souk nahe dem Kloster beim Sammeln und Bestimmen behilflich.

INSIDER-TIPP **Kleine Kräuterkunde der Nomaden**

YOGA

Neben professionellen Yogakursen in den Resorts verzaubert der West- und Zentralsinai Yogageübte mit einsamen Orten, die sich prima dazu eignen, in sich zu gehen. Die besten Plätze sind Hamatat El Bada mit einer Traumaussicht auf den Gebel Musa, außerdem das El-Guna-Plateau mit Blick auf das Katharinenkloster, Dahab und Nuweiba.

RUND UM ST. KATRIEN

Einige Ausflüge in die Umgebung müssen bei den Behörden angemeldet und genehmigt werden. Das übernimmt dein Hotel oder Beduinenführer. Hab unterwegs auf dem Sinai immer deinen Reisepass dabei.

1 ST. CATHERINE NATURSCHUTZPARK

1 km von St. Katrien entfernt, 5 Min. mit dem Auto

Das Kloster und seine weite Umgebung gehören zu einem Nationalpark, dem *St. Catherine Wildlife Protectorate (Eintritt 50 £E, wird bei der Anfahrt zum Kloster kassiert | st-katherine.net)*, der 20 Prozent der Fläche des Südsinai umfasst. Mit ihm möchte man den Artenreichtum der Natur bewahren, die schädlichen Einflüsse des Tourismus minimieren und die alte Kultur der etwa 7000 hier ansässigen Beduinen schützen. 4000 von ihnen gehören zum Stamm der Gebalaya, sie sind vermutlich Nachfahren von Mazedoniern, die im 6. Jh. als Schutztruppe des Klosters angesiedelt wurden.

Der gesamte Nationalpark eignet sich hervorragend für ein- oder mehrtägige Wander-, Kamel- oder Jeeptouren, die du in jedem Fall besser mit einem ortskundigen Führer unternehmen solltest. Dafür steuerst du die wichtigste Institution im Ort an: Sheikh Musa und sein *Mountain Tours Office (Tel. 069 3470457 | sheikmousa.com)*. Bei ihm bekommst du alle wichtigen Informationen, er vermittelt Beduinenführer und beschafft die erforderlichen behördlichen Genehmigungen.

Yoga im Sinai: Tänzer, herabschauender Hund und Sonnengruß mit genialem Ausblick

INSIDER-TIPP
Nachts am Lagerfeuer

Ein unvergessliches Erlebnis auf diesen Ausflügen ist ein Abend beim *magaad,* dem traditionellen Beisammensein der Beduinen am Lagerfeuer bei Tee mit *habak,* einem minzeähnlichen Kraut aus dem Sinai. Vergiss nicht, einen Schlafsack, Verpflegung und Trinkwasser, festes Schuhwerk, Sonnenschutz sowie im Winter wärmere Kleidung einzupacken. *F7–8*

2 GEBEL MUSA (MOSESBERG) ★

Fuß des Bergs 2 km von St. Katrien entfernt, 5 Min. mit dem Auto

Der Sonnenaufgang auf dem 2285 m hohen Berg gehört zu den schönsten Erlebnissen einer Sinaireise. Die dreistündige Wanderung ist anstrengend, aber leicht zu organisieren: Ab Mitternacht bieten beduinische Führer am Katharinenkloster ihre Dienste an *(ab 200 £E | Taschenlampe mitbringen!).* Wie du den biblischen Berg Sinai erklimmst, ist ausführlich beschrieben in Erlebnistour 3 (s. S. 120) . *F8*

3 GEBEL KATRIEN (KATHARINENBERG) ★

4 km von St. Katrien entfernt, 1 Std. zu Fuß oder 10 Min. mit dem Jeep zum Wadi Arbain, von dort Aufstieg

Für den Aufstieg auf den mit 2637 m höchsten Berg des Sinai reicht ein Tag kaum aus, plan besser zwei ein und buch eine Tour mit Beduinen inklusive Lagerfeuer; Abmarsch ist um Mitternacht. Nach der anstrengenden Wanderung wirst du mit einem atemberaubenden Fernblick belohnt. *F8*

4 GEBEL ABBAS PASHA

Fuß des Bergs 1,5 km von St. Katrien entfernt, 5 Min. mit dem Auto

Auf dem 2383 m hohen Berg wollte der schwer an Tuberkulose erkrankte ägyptische Vizekönig Abbas Hilmi I. im Jahr 1853 eine Villa in klarer Höhenluft bauen. Diese wurde jedoch niemals fertiggestellt. Die Wanderung dorthin dauert insgesamt neun Stunden und führt durch eine spektakuläre Pflanzen- und Bergwelt, vorbei am sogenannten „Felsen der Heiratsanträge" und an einem uralten Maulbeerbaum. *F7*

5 WADI FEIRAN

60 km westlich von St. Katrien, ca. 1. Std. mit dem Auto

In dem Tal, durch das die Asphaltstraße von der Westküste des Sinai zum Katharinenkloster führt, liegt die größte Oase der Halbinsel. Auf einer Strecke von ca. 10 km fährst du durch Palmenhaine und an den Gärten und Stein- bzw. Betonbauten der hier ansässigen Beduinen vorbei. Ein kleines Kloster erinnert an die einstige Bedeutung der Oase.

In der christlichen Überlieferung spielt sie öfter eine Rolle. Moses soll in der Nähe mit einem Stab Wasser aus einem Felsen geschlagen haben. Die Beduinen schreiben dieses Wunder einem Felsen zu, der sich westlich der Oase befindet, wenige Kilometer vor der Abfahrt zum Wadi Mukattab. Gestärkt von diesem Wasser soll Moses seine Leute in die Schlacht gegen die Amalekiter unweit des Bergs Tahuna geführt haben. An seinen Hängen befinden sich die Ruinen einer kleinen

So ein Sonnenaufgang auf dem Mosesberg hinterlässt bleibenden Eindruck

Kirche. Erreichbar ist der *Gebel Tahuna* nach einer einstündigen Wanderung von der Hauptstraße Richtung Norden. Auch hier erinnert ein kleines Nonnenkloster an die biblische Vergangenheit. 🕮 E7

6 WADI MUKATTAB & WADI MAGHARA

Wadi Mukattab 70 km entfernt, ca. 1½ Std. mit dem Jeep; Wadi Maghara 75 km entfernt, ca. 1¾ Std. Fahrt

Im Tal der Inschriften entdeckst du auf mehreren Kilometern Bilder und Texte, die in die Felsen geritzt wurden. Sie stammen aus nabatäischer, römischer und byzantinischer Zeit. Vom Wadi Mukattab aus gelangst du in nordwestlicher Richtung zum Wadi Maghara und passierst auf halber Strecke das Grab von Sheikh Soliman.

Im Wadi Maghara bzw. in einer kleinen Seitenschlucht namens *Wadi Qenaia* zeugen Überreste einer Siedlung vom Türkisabbau, der hier vor über 4500 Jahren betrieben wurde. Zu den in den Fels gehauenen Minen musst du zu Fuß den Osthang des Gebel Maghara hinaufsteigen. Dort findet sich auch ein Felsrelief, das Pharao Sechemchet (um 2600 v. Chr.) zeigt. Neben ihm kämpfen seine Getreuen gegen die Sinaibewohner.

Sofern es deine Zeit erlaubt, kannst du vom Wadi Maghara aus Richtung Nordwesten zum Gebel Fuga (3 Std., s. S. 72) und von dort weiter zu den Minen von Serabit Al-Khadem (1 Std., s. S. 73) fahren. *Etwa 6 km nördl. der Straße, die vom Golf von Suez zum Katharinenkloster führt; Abzweig zum Wadi Mukattab liegt 25 km westl. der Oase Feiran* | 🕮 E7

Serabit Al-Khadem: Pharaonen-Mine, in der heute die Archäologen graben

RAS SUDR

(🕮 C5) **Die Stadt 60 km südlich des Ahmed-Hamdi-Tunnels und 85 km nördlich von Abu Zenima hat keine Sehenswürdigkeiten, ein Urlaub an ihren Stränden aber durchaus Vorteile.**

Denn sowohl Kairo als auch die Bergwelt des Sinai sind nur zwei bis drei Autostunden entfernt. Du kannst also Ausflüge in die ägyptische Metropole und in den Zentralsinai machen. Die gesamte Küste bietet ideale Bedingungen für Surfer und Kiter.

SPORT & SPASS

WIND- UND KITESURFEN

Ras Sudr gilt wegen der großen Flachwasserlagune, zwei Meerwasserpools und dem konstant starken Sideshore-Wind als guter (Kite-)Surfspot am Roten Meer, sofern man nicht auch auf Luxushotels und prickelndes Nachtleben Wert legt. Da wäre man hier falsch. *Soul Kitesurfing (Mobiltel. 0106 4755363 | Facebook)* und das ☂ *Kitesurfing Village (Mobiltel. 0120 4902043 | kitesurfingvillage.com)* bieten von März bis November Anfänger- und Fortgeschrittenenkurse an. Kite und Board für drei Tage kosten ab 300 £E, Kite- und Windsurfkurse ab 2200 £E (etwa 120 Euro).

RUND UM RAS SUDR

7 GEBEL FUGA ★

160 km südöstlich von Ras Sudr, ca. 3 Std. mit dem Jeep

Ein ganzer Wald von Lavasäulen erwartet dich am Fuß des Bergs. Dieser *Forest of Pillars* ist eine auf dem Sinai einmalige geologische Besonderheit, die du über die einstige Türkismine *Serabit Al-Khadem* erreichst. Die Entstehung der über 1 Mio. Jahre alten Säulen ist umstritten. Möglicherweise befand sich der Sinai damals an dieser Stelle unter dem Meeresspiegel und die aus dem Meeresboden austretende Lava erstarrte im Wasser zu Magmasäulen. Eine Tagestour mit einem Allradfahrzeug kannst du bei dem erfahrenen Beduinen *Rabia Barakat (Mobiltel. 0100 5 31 23 80)* buchen. *E6*

8 SERABIT AL-KHADEM

90 km südöstlich von Ras Sudr, 2 Std. mit dem Jeep

In den Minen förderten die Pharaonen einen Edelstein, der für sie ein Symbol des Lebens war: den Türkis. Während der 12. Dynastie (vor knapp 4000 Jahren) wurde hier auch Kupfererz abgebaut. In dieser Zeit entstanden Teile eines Tempels, der der Göttin Hathor gewidmet war und später erweitert wurde. Man sieht seine Ruinen, Stelen mit Inschriften. Die zu besichtigenden Reste dieses einzigen bekannten pharaonischen Tempels auf dem Sinai stammen überwiegend aus der Zeit des Neuen Reichs, sind also „nur" höchstens 3500 Jahre alt. An den Tempelwänden sind die Namen von 387 Männern verewigt, die einst die Expeditionen mit dem Ziel der Ausbeutung der Minen leiteten.

Das gesamte Areal begeisterte Wissenschaftler immer wieder mit eindrucksvollen Zeugnissen früher Besiedelung. Schon 1906 wurden hier geritzte Zeichnungen entdeckt, die später als eine der ersten semitischen Formen eines Alphabets identifiziert wurden. Viele Stollen- und Tunnelwände sind mit Flachreliefs und Inschriften verziert. Vermutlich arbeiteten in den Minen keine Sklaven, sondern semitische Halbnomaden.

Für die Tour ist ein Geländewagen nötig. Der Weg auf das 850 m hohe Plateau beginnt 2 km südlich der Tankstelle in Abu Zenima. Der Aufstieg zum Tempel dauert zu Fuß zwei Stunden. *E6*

9 HAMMAM FARA'UN

55 km südlich von Ras Sudr
45 Min. mit dem Auto

Im Bad des Pharaos treten heiße Schwefelquellen aus den Felsen; sie sammeln sich in einer Grotte oder fließen ins Meer. Die Beduinen schwören auf ihre heilende Wirkung bei Rheuma. Trotz des leichten Schwefelgeruchs kann man hier prima entspannen. Zwei Frischwasserquellen befinden sich südlich von Ras Sudr in Abu Morir und Ein Taraqi. Außerdem gibt es auch natürliche Saunen: kleine, aufgeheizte Höhlen im Felsen, in denen man kostenlos schwitzen kann. *Zugang zum Strand bis etwa 18 Uhr | D6*

INSIDER-TIPP
In der Höhlensauna

SCHÖNER SCHLAFEN IM ZENTRALSINAI

MIT MÖNCHEN PLAUSCHEN

Im Katharinenkloster selbst kannst du zwar nicht übernachten, aber ganz nah dran, im *Guesthouse St. Catherine (Tel. 069 3 47 03 53 | sinaimonastery.com | 52 Zi. | €€)*. Die fast schon legendäre Herberge der Mönche wurde vor einigen Jahren modernisiert und bietet einfache Zimmer mit eigenem Bad. Sie ist auch eine Option, wenn du anderntags den Mosesberg erklimmen willst. Im dazugehörigen kleinen Café-Imbiss und Minimarkt mit Terrasse kommst du gut in spannende Gespräch mit Mönchen, leichter als im Kloster jedenfalls.

NÖRDLICH VON HURGHADA

KANALBLICK UND WÜSTENKLÖSTER

Im Westen Berge und Wüste, nach Osten das Rote Meer. Verlässt du Hurghada und El Gouna nach Norden, erwartet dich eine touristisch nur spärlich entwickelte Küstenregion. Die Strände sind aber oftmals nicht weniger schön, und so entstehen auch hier auf etlichen Etappen immer mehr Hotels und Resorts.

Die Fernstraße nach 'Ain Sukhna und Suez führt fast immer am Meer entlang, überwiegend durch eine eintönige Landschaft. Hier und da siehst du einsame Militärposten und kleine Siedlungen, im Meer rie-

Wer genug Strand gesehen hat: Wie wäre ein Besuch bei den Mönchen im Pauluskloster?

sige Frachter und Tanker auf dem Weg vom oder zum Suezkanal. Von Bohrplattformen aus werden Erdgasfelder erschlossen, am Ufer befinden sich die dazugehörigen Versorgungsposten. Unterwegs kannst du im Hafenort Zaafarana den Proviant auffrischen. Schließlich 'Ain Sukhna: Der boomende Ort, Naherholungsziel vieler Kairoer, hat sich zu einer Ansammlung von Ferienanlagen gemausert. Am Meer erstrecken sich Yachtanlegestellen und einer der großen Containerhäfen des Nahen Ostens – alles auf ein paar Dutzend Kilometern.

NÖRDLICH VON HURGHADA

MARCO POLO HIGHLIGHTS

★ **ISMAILIA**
Die Provinzstadt besitzt an manchen Orten noch das Flair der Kolonialzeit ➤ S. 80

★ **SUEZKANAL**
Erleb den wohl berühmtesten Schifffahrtskanal der Welt ➤ S. 81

★ **ANTONIUS- & PAULUSKLOSTER**
Kirchen, Gassen und Gärten in den beiden ältesten und größten Klöstern Ägyptens: Inmitten der malerischen Bergwelt leben und arbeiten auch heute noch Mönche ➤ S. 82

Beni Suef

New Beni Suef

1 Ismailia
143
Fayed
Great Bitter Lake
Small Bitter Lake
90 km, 1 ½ Std.
46 km, 45 Min.
16
2 Suez
Suezkanal
Al Adabiyah
Uyun Musa
11
143
'Ain Sukhna
S. 78
Ras Sudr
Gulf of Suez
24
120 km, 1 ½ Std.
Zaafaranah
85 km, 1 Std.
Abu Zenima
3 Antoniuskloster
Abu Rudays
Pauluskloster 3
11
143

'AIN SUKHNA

(📖 C5) **Wind ist neben Sonne der Reichtum 'Ain Sukhnas, das sich am Golf von Suez um die Bucht Ghubbat al-Bus schmiegt.**

Riesige Windparks erzeugen in der Region Strom, denn die Küste gilt als einer der weltweit besten Standorte für diese Energieanlagen. Der rasant wachsende Ort verdankt seinen Namen einer alten Schwefelquelle, die ihren Ursprung in den Bergen im Hinterland hat, aber nicht weiter sehenswert ist.

Wegen der Nähe zu Kairo wird die Küste mehr und mehr touristisch erschlossen. Über 60 Hotels sind in den vergangenen Jahren entstanden. Bungalows werden tageweise vermietet. Kairoer aus der Ober- und der gehobenen Mittelschicht bauen sich hier Villen und Bungalows, auch etliche Europäer besitzen Immobilien. Mittlerweile hat sich 'Ain Sukhna einen Namen unter Golfern gemacht. Und die Strände genießen einen guten Ruf. Einige Korallenriffe in Ufernähe eignen sich gut zum Schnorcheln.

Da 'Ain Sukhna Wochenendziel für viele Hauptstädter ist, wird es in den Hotels an ägyptischen Feiertagen oft laut, und die Strände sind dann überfüllt. Andersherum ist die Nähe zu Kairo praktisch: Du kannst zu Tagesausflügen dorthin aufbrechen, die Fahrt dauert auf der Mautstraße (Achtung, Radarfallen!) gut 1½ Stunden. 'Ain Sukhna ist außerdem ein guter Ausgangspunkt für einen Ausflug zum *Antonius-* und zum *Pauluskloster*. Leicht zu erreichen sind auch der Suezkanal und die Provinzstädte Suez und Ismailia.

ESSEN & TRINKEN

Die Hotels haben gute Restaurants. Außerhalb der Ferienanlagen ist die Lage schwieriger. Vor dem Eingang des Porto Sokhna Beach Resort & Spa haben sich zahlreiche Restaurantketten wie *Chilli's (tgl. 11–24 Uhr | Ain Sukhna Road | Tel. 062 3 21 00 93 | €–€€)* angesiedelt. Entspannen kannst du in den vielen Straßen- und Shishacafés. Für Selbstversorger ist der Supermarkt im Porto Sokhna Beach Resort eine gute Adresse.

ABU ALY

Fischküche ist der Tipp in 'Ain Sukhna. Als eine der sehr guten Adressen gilt unter Ägyptern Abu Aly. Von der klassischen *Molokhiyya*-Suppe mit Shrimps bis zu Muscheln gibt's hier alles, was das Rote Meer hergibt. *Tgl. 12–24 Uhr | km 142 Cairo-Hurghada Road | Mobiltel. 0111 1 02 66 31 | €€*

THE GRILL

INSIDER-TIPP **Nach dem Essen 1000 Tanzschritte tun**

Auf einen Kaffee, zum Mittag- oder Abendessen, zum Feiern und Tanzen – das Restaurant ist die Allzweckwaffe gegen Durst, Hunger und abendliche Langeweile. Die Küche ist ägyptisch-mediterran. Zu den Hauptgerichten zählen gegrillte Wachteln ebenso wie Kofta und Kebab. Für den mediterranen Einschlag sorgt eine ordentliche Pastakarte mit

Spaghetti von Bolognese bis Shrimps. *Tgl. 13–24 Uhr | La Siesta | Tel. 022 3 95 81 79 | €€*

BOUILLABAISSE

Fisch und Meeresfrüchte werden fangfrisch zubereitet, vorneweg gibt es Mezze. Der Name lässt es erahnen: Das Restaurant serviert auch tolle Suppen wie Lachs- und Shrimpscremesuppe. Von der Terrasse aus hast du einen schönen Blick auf den Yachthafen. *Tgl. 12–23 Uhr | Porto Sokhna | Tel. 062 3 21 00 70 | €€–€€€*

SPORT & SPASS

Für Taucher ist 'Ain Sukhna kein Topziel. Der Sinai und die südlichere Rotmeerküste bieten da viel mehr. Hier ist eher Strandrelaxen angesagt. Surfen und vor allem Kitesurfen kannst du aber auch in dieser Küstenregion sehr gut.

GOKARTING

PS-Begeisterte toben sich auf der Kartbahn *Go Go-Kart* in Porto Sokhna aus. Für Kinder, die ab dem Schulalter ans Steuer dürfen, gibt es spezielle, stark gedrosselte Gokarts. Helm und Overall sind für alle Fahrer Pflicht. *Tgl. 10–17 Uhr | Porto Sokhna | Mobiltel. 0122 8 82 63 86*

GOLF

Der 18-Loch-Golfplatz des Hotels *Stella di Mare (Hurghada Road | Tel. 062 3 25 03 00)* wurde von Architektengröße Karl Litten entworfen. Jährlich gibt es hier mehrere Turniere. Die Termine findest du auf *stella dimare.com/golf*. Die zweite Option ist der *Sokhna Golf Club (tgl. 9–23 Uhr | Mobiltel. 0101 0 50 18 54 | sokhnagolfclub.com)*, ein 27-Loch-Championship-Platz, den die Designer John Sanford und Tim Lobb konzipiert haben.

Entspannen ist das Strandprogramm an der Küste von 'Ain Sukhna

KITESURFEN

An einer der landesweit besten Lagunen zum Kiten, 50 km südlich von 'Ain Sukhna, kannst du bei *Infinity Kitesurfing (Ain Sukhna–Zaafarana Road | Ataqah | Mobiltel. 0127 9 33 22 68 | infinity-kitesurfing.com)* mit dem Lenkdrachen in den Wellen üben. Den neunstündigen Anfängerkurs gibt es ab ca. 240 Euro.

AUSGEHEN & FEIERN

Im Hotel bleiben und dort feiern heißt es in 'Ain Sukhna, das mehr Wert auf Entspannung als auf Trubel legt. Auch auf einen Drink trifft man sich in den Bars der Hotels.

RUND UM 'AIN SUKHNA

1 ISMAILIA ★

140 km nördlich von 'Ain Sukhna, 2½ Std. mit dem Auto

Ungewöhnlich grün ist die rund 400 000 Ew. zählende Provinzstadt, die ihre Existenz dem Bau des Suezkanals verdankt. Ein Teil ihrer Architektur erinnert noch an alte Kolonialzeiten, auch die Grünflächen mit ihren Alleen und den Villengärten stammen aus jener Ära. Sie brachten Ismailia den Beinamen „Garten Ägyptens" ein.

Auf einem Spaziergang durch die Stadt erlebst du ein wenig vom wirklichen ägyptischen Alltag. Die meisten Bewohner Ismailias leben in einfachen, engen Vierteln, an denen der Zahn der Zeit nagt, oder in tristen Neubaublocks. Du bummelst durch die Straßen im Zentrum, kannst den alten, oft verblichenen Kolonialchic bewundern, die Warenauslagen der Geschäfte begutachten, von einem Kaffeehaus aus beim Tee die Leute beobachten – und später ins *Ismailia Museum (tgl. 9–16 Uhr, Fr zur Gebetszeit geschl. | Eintritt 80 £E | Sharia Mohamed Ali | ⏲ 1 Std.)* gehen. Das kleine Haus zeigt mehr als 4000 Exponate aus pharaonischen und griechisch-römischen Zeiten (Mosaiken, Stelen, Statuen und Skarabäen), und es informiert über frühere Bauarbeiten am Suezkanal, die den heutigen vorausgingen. Im Museum bekommst du außerdem die

Die Stadt, nach der Ägyptens großer Kanal benannt ist: Suez

Besuchserlaubnis für den nahen *Stelengarten* mit archäologischen Funden wie liegenden Sphingen und Resten einer Kapelle von Pharao Ramses II.
Im Ismaila Museum erkundigst du dich am besten auch, ob das zuletzt geschlossene *Lesseps-Haus,* die Villa des französischen Ingenieurs und Suezkanal-Erbauers Ferdinand Lesseps (1805–1894), wieder zugänglich ist.
Zum Relaxen geht es auf zum Timsahsee, dem Krokodilsee – aber keine Angst, der heißt nur so.

INSIDER-TIPP
Dicke Pötte in Sicht

Einen tollen Blick auf den See, den Suezkanal und vorbeiziehende Schiffe genießt du von der Terrasse des *Mercure Forsan Island Hotels* auf Forsan Island.
Zu den beliebten Restaurants der Stadt gehört das *Reda Helmy BBQ (tgl. 13–23 Uhr | Sharia Shebin el-Koum | Tel. 064 3 32 04 09 | €–€€),* dessen Spezialität Fleisch in jeder nur grillbaren Variante ist. *B3*

2 SUEZ

46 km nördlich von 'Ain Sukhna, 45 Min. mit dem Auto

Der berühmte Ort (750 000 Ew.) ist städtebaulich kein Highlight, doch hier gibt es wirklich was zu sehen. Spannend ist, was man vom Geschehen am ★ *Suezkanal* mitbekommt, einem der weltweit wichtigsten Schifffahrtskanäle. Dazu muss man sich in den Stadtteil *Port Taufiq* begeben, eine Halbinsel, die sich in den Golf von Suez erstreckt und über die Straße Sharia el-Geish zu erreichen ist.
An die 19 000 Hochseeschiffe passieren jährlich den Kanal. Das sind etliche Dutzend große Pötte pro Tag, die hier im Konvoi gewissermaßen durch die Wüste gleiten – ein faszinierender Anblick! Die Einnahmen aus den Schiffspassagen (2021 waren es 6,3 Mrd. US-Dollar) gehören übrigens zu den wichtigsten Etatposten des ägyptischen Staatshaushalts.
Mehrmals war der Kanal Schauplatz von Kriegen: während der Suezkrise 1956, des Sechstagekriegs 1967 und des Oktoberkriegs 1973. Von 1967 bis 1975 blieb der Kanal geschlossen. Nach der erneuten Öffnung reichte seine Tiefe nicht mehr für die zwischenzeitlich konstruierten Supertanker aus. Die Kanalverwaltung vertiefte die Fahrrinne. Seit dem Ausbau 2015 sind auf der Hälfte der Strecke auch Gegenverkehr und dadurch deutlich mehr und schnellere Schiffspassagen möglich. Die Durchfahrt auf den 163 km dauert ca. 11 Stunden. Welche Folgen eine Kanalblockade hat, erlebte man 2021, als die 400 m lange „Ever Given", eines der weltgrößten

Containerschiffe, auf Grund lief. Sechs Tage lang konnten Hunderte andere Schiffe nicht passieren. Der ansonsten minutengenau synchronisierte Welthandel litt unter Lieferengpässen und war monatelang massiv gestört, die Verluste: über 200 Mrd. US-Dollar.

Wenn dich Geschichte interessiert: Die Historie des Suezkanals, seiner Vorläufer seit der Antike und der Stadt selbst erzählt die kleine heimatkundlich-archäologische Sammlung des *Suez National Museums (tgl. 9–16 Uhr | Eintritt 20 £E | Sharia 23 Juliu | Port Taufiq | ⏲ 30–45 Min.).*

An Restaurants, Imbissen und Cafés mangelt es in Suez nicht. Zum Essen empfiehlt sich so nah am Meer natürlich Fisch. Das *El-Khalifa Fish Center (tgl. 12–23 Uhr | 320 Sharia el-Geish/ Sharia Salem | Tel. 062 3337303 | Facebook: ElkhalifaFishRestaurant | €€)* bringt gute Meeresfrüchte und leckeren Fisch auf den Tisch: gegrillt, gedünstet oder auch paniert. *🕮 C4*

3 ANTONIUS- & PAULUSKLOSTER ★

Antoniuskloster 120 km südlich von 'Ain Sukhna, 1½ Std. Fahrt mit dem Auto, von dort aus weitere 85 km (ca. 1 Std. Fahrt) zum Pauluskloster

Es ist eine Reise in eine herrliche Gebirgskulisse mit Schluchten und Trockentälern – und eine Reise in die fremde Welt der koptischen Mönche: Südlich von 'Ain Sukhna befinden sich zwei weltberühmte Wüstenklöster, die zu den ältesten der Christenheit gehören.

Das erste ist das *Deir al-Qaddis Antwan (tgl. außer an koptischen Feiertagen 7–17 Uhr, Öffnungszeiten unbedingt überprüfen unter Tel. 022 5906026 | Übernachtung nur für Männer bei Voranmeldung möglich),* das Kloster des heiligen Antonius, der hier als Eremit gelebt haben soll. Es ist eines der ältesten und größten koptischen Klöster in Ägypten. Gegründet wurde es im 4. Jh. – keine 100 Jahre nach dem Tod des Einsiedlers – und im 15. Jh. von Beduinen zum Teil zerstört.

In der Klosteranlage mit ihren Gassen, kleinen Häuschen und Gärten erkundest du die dreischiffige *St.-Antonius-Kirche* aus dem 6. Jh. Die Wände der Kirche sind mit Fresken ausgeschmückt. Sie zeigen u. a. Rittergestalten (zu erkennen an den kräftigen Farben) sowie mehrere Asketen, Eremiten und Heilige. Östlich der Antoniuskirche liegt die *Apostelkirche Petrus und Paulus* (18. Jh.). In der Passionszeit erlebst du hier Wallfahrten zum Grab des hl. Markus, eines in Ägypten verehrten Schülers von Antonius.

Zum zweiten koptischen Kloster wären es vom Antoniuskloster Luftlinie eigentlich nur 12 km. Doch zum *Pauluskloster (Deir Anba Bula | tgl. außer an koptischen Feiertagen 6–18 Uhr, Öffnungszeiten überprüfen unter Tel. 022 5900218)* dauern die rund 85 km auf der Straße eine gute Stunde. Du wirst den Weg nicht bereuen. Im Kloster besteht außerdem auch für Gruppen und Familien die Möglichkeit zu übernachten *(Anmeldung unter Mobiltel. 0122 0324540).* Der heilige Paulus, Anba Bula, soll zur sel-

INSIDER-TIPP
Den Mönchen Gute Nacht sagen

ben Zeit wie Antonius und ebenfalls als Einsiedler in einer Berghöhle gelebt haben, über der bereits im 4. Jh. eine Kapelle errichtet wurde, die heu-

Wenn du beide Klöster besuchen möchtest, bietet sich ein Ausflug per Taxi an, wie er in Erlebnistour 1 ausführlich beschrieben ist.

Das Antoniuskloster ist trotz seines biblischen Alters gut in Schuss

te Teil des Klosters ist. Eine 450 m lange Umfassungsmauer mit Wehrturm umgibt das Areal. Von der Mauer aus bietet sich ein toller Blick bis hinüber auf den Sinai.

Schau in die *Pauluskirche* (6./7. Jh.), die über der Grotte des Eremiten erbaut wurde. Eine Treppe führt hinunter zum Marmor-Sarkophag des Heiligen. Fresken der Kuppel zeigen den Teufel bekämpfende Heilige.

Sehr schön sind außerdem die *Klostergärten.* Sie machen etwa ein Viertel der Klosterfläche aus. Hier siehst du alte Öl- und Getreidemühlen.

Wichtig zu wissen für Bergwanderer: Die Strecke Antoniuskloster–Pauluskloster kann man auch zu Fuß zurücklegen. Zwischen den Klöstern existiert ein schöner Bergpfad, der jedoch einige Anstrengung kostet und den man nur in Begleitung eines lokalen Guides sowie mit entsprechender Ausrüstung (feste Schuhe, Sonnenschutz, Proviant) gehen darf. Der Marsch dauert mehrere Stunden. Er ist nur geübten, konditionsstarken Berggehern anzuraten, die es gewohnt sind, mehrere Kilo Proviant, vor allem literweise Wasser, mit sich zu tragen. C7

EL GOUNA, HURGHADA & SÜDLICHE KÜSTE

PERFEKT ZUM RELAXEN

Der Himmel blau, das Meer auch, die Strände weit und sandig. Felsige Buchten, Korallenriffe, Palmenhaine und rötlich leuchtende Gebirgshänge im Hinterland – Ägyptens Rotmeerküste ist das ganze Jahr über der ideale Platz, um die Seele baumeln zu lassen. In den vergangenen Jahren sind überall Feriensiedlungen, Tauch- und Surfcenter entstanden. So ist aus der Vision von der „Riviera des Nahen Ostens" inzwischen ein riesiges Zentrum des Tourismus mit Hunderten Strandresorts geworden.

Künstlich angelegt? Egal, die Lagunenstadt El Gouna ist ein Urlaubstraum

Hurghada, der berühmteste Badeort des Landes, zieht mit seinem breiten Freizeit- und Unterhaltungsangebot die Massen an. Nördlich davon liegt das elegante El Gouna, ein etwas teureres Feriendorf mit Kanälen und Brücken, ein Klein-Venedig. Der Ort ist vergleichsweise klein, aber ähnlich abwechslungsreich. Deutlich ruhiger wird es erst, wenn du dich nach Süden aus Hurghada rausbewegst. Am ca. 300 km langen Küstenstreifen von Safaga über El Quseir bis in die Region Marsa Alam gibt es Dutzende Hotels, Resorts und Ecolodges.

EL GOUNA, HURGHADA & SÜDLICHE KÜSTE

MARCO POLO HIGHLIGHTS

★ EL GOUNA
Die Lagunensiedlung mit romantischem Yachthafen setzt auf hochwertigen Tourismus und Umweltschutz ➤ S. 88

★ HURGHADA
Das größte Urlaubsparadies des Nahen Ostens – Surfen, Tauchen, Baden in kristallklarem Wasser ➤ S. 96

★ SOMA BAY
Halbinsel mit tollem Freizeitangebot von Golfen bis Wellness ➤ S. 105

★ LUXOR
Legendäre Pharaonengräber, jahrtausendealte Tempel und an der Promenade glitzert der Nil ➤ S. 106

★ MARSA ALAM
Die Region um den gleichnamigen Ort lockt ökobewusste Urlauber ➤ S. 110

Abu Tig Marina: im Café sitzen und gucken, welche Yacht hier die schickste ist

EL GOUNA

(⊞ E–F10) **Manchmal wird aus einer kleinen Idee etwas Großes: So erging es Samih Sawiris, laut „Forbes Magazine" Mitglied der reichsten Familie Ägyptens. Als er ★ El Gouna gründete, wollte er eigentlich nur eine Villa und einen kleinen Hafen für seine Yacht bauen.**

Da ein Gesetz aber Projekte dieser Art an der Küste des Roten Meers untersagt, wenn sie nicht gleichzeitig dem Tourismus dienen, erschuf der Milliardär eben einen ganz neuen Touristenort. Das war 1989, heute ist El Gouna (24 000 Ew.) Ägyptens Vorzeigeresort. Du hast hier die Wahl zwischen 18 Hotels *(elgouna.com)*. Sie passen sich mit ihrer nubisch inspirierten Architektur und ihren Pastellfarben elegant dem Lokalkolorit an oder bilden mit originellem postmodernem Design einen gelungenen Kontrast dazu.

In den letzten Jahren hat sich El Gouna zum ägyptischen Musterbeispiel für umweltfreundlichen Tourismus entwickelt. Eine eigene Recyclinganlage und strenge Mülltrennung zeigen, wie ernst es der Lagunenstadt mit dem Umweltschutz ist. Außerdem wird das Trinkwasser aus dem Meer gewonnen. Wer mehr darüber erfahren möchte, kann die *Meerwasserentsalzungsanlage (Anfragen im Infocenter | Tel. 065 3 56 17 60)* besuchen.

Es gibt sogar einen „Clean up Day", an dem Einheimische und Urlauber gemeinsam die Strände von Müll befreien. Noch dazu ist El Gouna Pilotdestination für das Umweltschutzlabel *Green Star Hotel*. Mit diesem Siegel, das zu nachhaltigem Umweltmanage-

ment aufruft, will die ägyptische Hotelindustrie national mit gutem Beispiel vorangehen.
Shuttlebusse steuern alle wichtigen Orte im Resort an. Ein durch die Lagunen fahrendes Shuttleboot verbindet Unterkünfte, die keinen eigenen Strand haben, mit dem *Zeytouna Beach.* Beliebt sind auch die knatternden Tuk-Tuks und die „Baddles", E-Bikes zum Mieten. Ins nahe Hurghada gelangt man mit dem Taxi ab 150 £E für die einfache Strecke, z. B. mit *ABC Taxi (Mobiltel. 0100 2 22 82 94 | abctaxi.com).* Alle Transportinfos gibt's unter *elgouna.com/transportation.*
Die genannten fünfstelligen Telefonnummern gelten ortsintern, du erreichst sie von außerhalb nur über die Vermittlung. WLAN ist im ganzen Ort kostenlos verfügbar.

SIGHTSEEING

ABU TIG MARINA

Kopfsteingepflasterte Gassen, Cafés, Pubs, Boutiquen – die Marina entfaltet vor allem am Abend eine schöne Hafenatmosphäre. Im Sommer steigen hier regelmäßig Partys mit Livemusik.

CULTURAMA

Kurzweilig und spannend: Die interaktive Multimediashow in Kooperation mit der Bibliotheca Alexandrina führt auf neun Riesenbildschirmen durch 5000 Jahre ägyptischer Geschichte. *Tgl. 10–22 Uhr, Anmeldung erforderlich | Eintritt 30 £E | Bibliotheca Alexandrina/El Gouna Library | Tel. 065 3 58 00 23 | ⏲ 45 Min.*

KAFR EL-GOUNA (DOWNTOWN)

Die „Gounies", wie sich die Bewohner von El Gouna nennen, sprechen von Downtown, wenn sie Kafr El-Gouna meinen, den Ortskern der Lagunenstadt. Was du hier machen kannst? Shoppen, bummeln, bei Tee und Wasserpfeife in den Cafés entspannen. Ein seit den Gründerjahren des Orts beliebter Treffpunkt ist *The Club House (tgl. 10–20 Uhr | Mobiltel. 0122 1 61 71 13 | Facebook: Club house.elgouna)* mit Restaurant, Café, Pool und Spa.

AQUARIUM

Krabben, Seepferdchen und die bunte Fischwelt des Roten Meers erlebst du in dem kleinen Aquarium, das zu den Sehenswürdigkeiten El Gounas gehört, die man nicht verpassen sollte. *Tgl. 10–22 Uhr | Eintritt 100 £E | Downtown | ⏲ 30 Min.–1 Std.*

ESSEN & TRINKEN

El Gouna verwöhnt mit einer Restaurantauswahl und Essensqualität, die zum Besten im ganzen Land gehört. Ein besonderes Extra ist das Dine-around-Angebot, das alle voll zahlenden Urlauber in El Gouna wahrnehmen können: Gäste von Fünf-Sterne-Hotels essen z. B. in den teilnehmenden Restaurants ohne Aufpreis *(Infos unter hotels.elgouna.com/de/dine-around).*

BUZZHA BEACH RESTAURANT & BAR

Der Hotspot der Kitesurfszene. Manch ein Profisportler erholt sich hier unter freiem Himmel bei hausgemachten Gnocchi oder Spinat-Riesenspätzle. *Tgl. 9–19 Uhr | Mangroovy Beach | Mobiltel. 01272 8 84 28 39 | €€*

LE GARAGE GOURMET BURGER

Die Garage serviert Burger für Feinschmecker mit Zutaten wie Blauschimmelkäse, Walnüssen oder auch Weintrauben. „The Golden One" kommt mit Wagyu-Rindfleisch, Trüffelpaste und Blattgoldbelag. Die Burger sind echt groß, halt dich am besten bei der Vorspeise etwas zurück. *Mo–Sa 8–21, So 8–20 Uhr | Abu Tig Marina | Tel. intern 7 79 63 | Facebook: Le Garage Gourmet Burger El Gouna Egypt | €€–€€€*

MOODS RESTAURANT & BEACH CLUB

Das Essen ist ägyptisch-mediterran, Gegrilltes gibt es ebenso wie Pasta mit Lachs. Der Club ist immer gut besucht, die Longdrinks und Cocktails sind toll. *Tgl. 10–1 Uhr | am Nordende der Abu Tig Marina | Tel. intern 7 55 12 | €€–€€€*

SAIGON

Hier kocht die Besitzerfamilie selbst, und zwar hervorragende vietnamesische Küche, die das Lokal zu einem der beliebtesten im Ort macht. Ein Tipp: die Entengerichte! *Tgl. 11–23 Uhr | Abu Tig Marina | Tel. intern 7 78 54 | €€–€€€*

MAZAGOUNA

Hier kommen auch Vegetarier auf ihre Kosten, und das schon bei den kalten und warmen Mezze. In dem viel gelobten Restaurant werden feine arabische Spezialitäten – darunter Fisch und Fleisch vom Grill – authentisch zubereitet und in traditionellem Ambiente serviert. *Tgl. 17–24 Uhr | Abu Tig Marina | Tel. intern 7 78 55 | €€–€€€*

CHUCHICHÄSCHTLI

Der schweizerische Name bedeutet Küchenkästlein, und hier in El Gouna steht er unangefochten für eines der besten Restaurants. Zu den Spezialitäten zählen die auf heißem Stein servierten Steaks, außerdem geniale Schweizer Gerichte wie Rüeblisuppe, Bündnerplättli und Walliser Chässchnitte. Auch wer vegan oder glutenfrei essen möchte, wird hier satt. *Tgl. 17–23 Uhr | Downtown | Tel. intern 3 41 05 | €€€*

INSIDER-TIPP
Wie auf der Alm

ZIA AMELIA RISTORANTE

Lust auf Pizza, Pasta, Fisch oder doch eher Veggie-Food? Hier wird die ganze Familie glücklich, die Gerichte sind alle top. *Tgl. 12.30–23 Uhr | Downtown | Tel. mobil 012 25 27 15 26 | Facebook | €€*

THE GRILL

Du hast die Wahl zwischen klimatisiertem Restaurant und überdachter Terrasse, um nach den ägyptischen Mezze vor allem Fleisch und Fisch zu genießen. Ob Steak, Hähnchenspieße, Lamm oder Shrimps und die Fischplatte – alles schmeckt sehr gut. *Tgl. 13–24 Uhr | Downtown | Tel. intern 3 22 61 | €€–€€€*

PUDDLEDUCK

Der Hit in dem nach einem englischen Kinderbuch benannten Restaurant ist das leckere Kamelfilet. Eigens für diese Köstlichkeit kommen viele Gäste. Die andere Besonderheit: Sonntags gibt es englischen Brunch und zu Lunch und Dinner britische Spezialitäten. Qualität und Service sind konstant gut. *Tgl. 13–22.30 Uhr | Downtown | Tel. intern 3 21 23 | €€*

INSIDER-TIPP
Tea, my dear?

SHOPPEN

BASAR

Etwas für die kühleren Stunden des Tages: Im kleinen Basarviertel in Downtown kannst du Schmuck, Kunsthandwerk, Parfum und Souvenirs kaufen. Die Händler sind gebeten, die Kunden nicht aufdringlich zu umwerben – das Feilschen trotzdem nicht vergessen! Exklusive Modegeschäfte gibt es an der *Abu Tig Marina.*

EGYPTIAN HANDICRAFT

Shoppen und Gutes tun: Mit dem Kauf der hübschen kunsthandwerklichen Souvenirs in diesem Geschäft unterstützt du Ägypterinnen im ganzen Land, denn ein Teil der Einnahmen fließt wohltätigen Zwecken zu. *Downtown*

DRINKIES

Hotels und lizensierte Restaurants haben in Ägypten weitgehend das Monopol auf den Verkauf alkoholischer Getränke, entsprechend teuer sind sie. Eine günstigere Alternative ist diese Filiale der Ladenkette für Bier, Wein etc. *Tamr Henna Square | drinkies.net*

SPORT & SPASS

BAUCHTANZEN

Regelmäßig gibt die renommierte ägyptische Tanzlehrerin Keti Sharif in El Gouna professionelle Bauchtanzkurse für Anfänger und Fortgeschrittene. *Termine unter ketisharif.com*

GOLF

Unter Golfern ist El Gouna der Tipp: Der Golfplatz des *Steigenberger Resorts (Tel. 065 3580142 | el-gouna.steigenberger.de)* zählt zu den schönsten im Land. Der zweite und neuere Golfplatz gehört zum *Ancients Sands Golf Resort (Tel. 065 3545682 | hotels.elgouna.com/ancient-sands)*; beide Plätze 18 Loch, par 72.

KITESURFEN

El Gouna hat sich weltweit einen Namen als Kitesurfrevier gemacht. Wegen des konstanten Winds und anderer optimaler Bedingungen trainieren hier auch immer wieder die Stars der Szene. Eine Hochburg der Kitesurfer ist der *Mangroovy Beach* an der nörd-

Drachenhochburg: El Gouna ist als Kitesurferhotspot bekannt

lichen Spitze von El Gouna. Mit einer der besten Anbieter ist *Kitesurf Adventure (Mobiltel. 0122 4 72 59 72 | kitesurf-adventure.de)*, wo du Leihmaterial und als Kiteanfänger auch professionelle Anleitung bekommst. Eine Privatstunde kostet 75 Euro, Kurse gibt es ab 315 Euro, ebenso kostenlose Schnupperstunden.

REITEN

Die Reitschule *Yalla Horse (Mobiltel. 0101 5 85 50 99 | yallahorse-elgouna.com)* bietet Ausritte durch die Wüste, am Strand oder ins (!) Wasser an – auch auf Kamelen und Eseln. Es gibt Varianten für alle Altersklassen.

RUNDFLÜGE

Sightseeing aus der Luft: Mit *Sharm Air* kannst du spannende Rundflüge im Kleinflugzeug unternehmen und Drachenfliegerkurse machen. *Mobiltel. 0127 7 72 59 25 | sharmair.com*

SAFARIS & EXKURSIONEN

Ein Tag mit dem Katamaran auf dem Meer, eine Jeepfahrt in die Wüste, Ausflüge nach Luxor oder Kairo – solche Touren organisiert *Pro Tours (Tel. 065 35 80 08 | Paradisio Mall | protoursegypt.com, dort unter „Tours – El Gouna Excursions")*.

SEGELN

Mit dem Katamaran hinaus aufs Meer, auch zur Champagner-Cruise: Auf der *Ocean Diva (ab 50 Euro/Person | Mobiltel. 0100 0 10 29 52 | oceandiva-catamaran.com)* segelst du hart am Wind, kannst weit draußen schwimmen gehen, schnorcheln und Delphine beobachten. Wenn du nicht nur Gast an Bord sein willst, sondern selbst segeln lernen, machst du dich am besten auf zu *Sail la vie (Kurse ab 400 Euro | Mobiltel. 0101 4 10 19 15 | Facebook: saillavieelgouna)* vor dem Sheraton Hotel.

SLIDERS CABLE PARK

Ein rasanter Spaß ist dieser Wasserpark für Wakeboarder und Kiter mit Schanzen und Hindernissen. Die Anlage hat für Anfänger auch Easy-Ride-Lifte. Mit Pool und Strandbar-Restaurant. *Tgl. 9–18 Uhr | 2 Std. 35 Euro, Tagesticket 45 Euro | Mobiltel. 0102 60 22 26 | sliderscablepark.com*

SQUASH

Ägypten ist eine Squashnation. Die weltbesten Spieler kommen alljährlich im April zu den *El Gouna International Squash Open (elgounasquashopen.com)* in die Lagunenstadt. Squashplätze für dein persönliches Turnier findest du im *Club Paradisio (Tel. intern 3 25 53)* und im *Mövenpick (Tel. 065 3 54 45 01)*.

TAUCHEN & SCHNORCHELN

Etliche hervorragende Tauchcenter bieten Kurse sowie Schnorchel- und Tauchtouren für Anfänger und Fortgeschrittene an. Die *Easy Divers Academy (Hotel Three Corners Rihana | Mobiltel. 0122 2 34 91 14 | easydivers-academy.com)* veranstaltet Touren für Taucher, aber auch Schnorchler auf Luxusbooten in Begleitung ausgebildeter Guides. Ein

Auch Lust auf Kite-Action?
Ab zum Mangroovy Beach

besonderes Erlebnis für erfahrene Taucher ist der Ausflug zum Wrack des 1941 von Deutschen versenkten britischen Frachters *Thistlegorm*.

STRÄNDE

BUZZHA BEACH

Buzzha ist der nördliche Teil des Mangroovy Beach. Hier hat man das Gefühl, von allem losgelöst zu sein. Ein perfekter Ort für frisch verliebte Pärchen und Ruhesuchende.

MANGROOVY BEACH

Der Kitsesurfspot schlechthin in Ägypten. Der Mangroovy Beach befindet sich nördlich der Abu Tig Marina. Wer sich von der Sonne verwöhnen lassen will, während er den Blick auf einen bunt mit Kites gemusterten Himmel genießt, ist hier genau richtig. Beim Windsurfen, Schnorcheln, Beachvolleyball oder Strandfußball kann man aber auch selbst aktiv werden.

ZEYTOUNA BEACH

Der Strand liegt auf einer Insel, die auf der einen Seite vom Meer, auf der anderen von Lagunen umgeben ist. Über einen rund 400 m langen Steg gelangst du ins tiefere Wasser und zu einem Korallenriff, das sich super zum Schnorcheln eignet. Du erreichst den Strand mit dem Shuttleboot von Downtown oder vom Sultan Bey Hotel aus, alternativ über die Brücke vom Sheraton Miramar. Einige Hotels ohne Meerzugang *(Panorama Bungalows, Arena Inn* und *Sultan Bey)* haben ihre Privatstrände hier.

WELLNESS

LAX GYM & LOUNGE

In dem eleganten Studio trainiert der italienische Ex-Boxer Alberto Pezzini Männer und Frauen u. a. in Pilates. Im Spa-Angebot sind hier erstklassige Lomi-Lomi-, Wellness- und Ayurveda-Massagen. *Abu Tig Marina Nord | Mobiltel. 0127 5 12 12 22 | Facebook: Laxgouna*

SPA 7EME CIEL

In dem „himmlischen" Spa geht es nach einem Willkommensgetränk mit dem *Gold Oriental Magic Ritual* los. Das umfasst Sauna, Dampfbad, Massagen, Masken und was sonst noch alles zu einem orientalischen Reinigungsritual gehört. *Tgl. 10–20 Uhr | im Bellevue Beach Hotel | Tel. 065 3 54 51 61 | Facebook: spa7ciel*

AUSGEHEN & FEIERN

An Nachtleben mangelt es in El Gouna nicht. Jeden zweiten Freitagabend findet im Sommer an der Abu Tig Marina das *Street Festival* mit Livebands, Speisen und Getränken statt. Im *Duport Pool Club (Abu Tig Marina | Facebook: DuPortPoolClubElGouna)* wird mehrmals wöchentlich bis tief in die Nacht am Pool gegessen und gechillt. Die *Dunes Restaurant-Bar (Downtown | Facebook: Duneselgouna)* lädt freitags zur Salsa-Nacht und der *Mangroovy Beach* veranstaltet regelmäßig Strandpartys mit Barbecue und Lagerfeuer.

INSIDER-TIPP **Über den Großen Teich geträllert**

Die TU Berlin hat in El Gouna einen eigenen Campus. An mehreren Samstagen im Jahr zeigt die Uni für Locals und Urlauber Live-Übertragungen aus der New Yorker Metropolitan Opera. Puccini, Wagner, Händel – was es wann zu sehen und zu hören gibt, steht auf *Facebook: CampusElGouna* unter „Veranstaltungen".

BARTEN

Willkommen in der wohl ausgefallensten Bar im Ort. Sie ist beliebt als Cocktailtreff, aber auch in Sachen Kulinarik interessant aufgestellt: Die Gerichte, darunter Shiitakepilze und Thunfisch in Sesammantel, werden nicht gekocht, sondern kommen fermentiert auf den Tisch – einfach mal probieren! *Tgl. 19–1 Uhr | Abu Tig Marina | Tel. 7 79 03 | €€€*

PIER 88

Cooles Design, gute Weine und Drinks, feine Fischgerichte. Die schwimmende In-Bar am Hafen erfreut sich in der Hochsaison vieler Gäste – die aufgrund des Andrangs draußen erst einmal geduldig eine Weile warten müssen. Also besser vorab reservieren! *Tgl. 18–2 Uhr | Abu Tig Marina | Mobiltel. 0128 4 10 88 20 | €€–€€€*

EL GOUNA CINEMA

Donnerstags um 20.30 (im Winter 19.30) Uhr zeigt das Open-Air-Kino in Downtown bei freiem Eintritt internationale Blockbuster. Das Programm wechselt wöchentlich. Infos, was gerade läuft, bekommst du an der Rezeption deines Hotels.

CEVICHE TAPAS BAR

Das Lokal ist zu Recht sehr beliebt, es bietet mexikanische und amerikanische Küche. Billardtische warten, und 10 000 Musiktitel stehen zur Auswahl. *Tgl. 12–24 Uhr | Tel. intern 3 30 36 | Downtown | Facebook: spaiseyfood | €€–€€€*

THE CLUB HOUSE

Das kleine Strandlokal mit Pool ist ein beliebter Treff, um mit einem Drink in den Abend zu starten. Gutes Essen (€€) gibt es auch, u. a. Burger und Pizza. Außerdem werden hier tolle Partys und Beachvolleyballturniere organisiert. *Tgl. 12–1 Uhr | Downtown | Mobiltel. 0122 1617113 | Facebook: Clubhouse.elgouna*

RUND UM EL GOUNA

1 MONS PORPHYRITES

70 km südwestlich von El Gouna, 2 Std. mit dem Jeep

Der 1660 m hohe Berg heißt heute *Gebel Abu Dukhan,* der rauchende Berg. Bei der rund 70 km langen Tour dorthin ist der Weg bereits das Ziel, denn er führt durch die majestätische Gebirgswelt im Landesinnern, die man sich nicht entgehen lassen sollte. Das eigentliche Ziel ist ein antiker Steinbruch, dessen rötlich gemusterten Granit die Römer bis vor etwa 1600 Jahren abbauen ließen. Damals stand hier eine ausgedehnte Siedlung für mehrere Tausend Menschen. *E11*

HURGHADA

(F11) **Vom kleinen Dorf zum größten Badeort: Kaum jemand in ★ Hurghada und Umgebung wird vor gut 40 Jahren gehofft oder befürchtet haben (je nach Blickwinkel), dass hier in naher Zukunft das größte Ferienzentrum des Nahen Ostens entstehen würde.**

Damals konnte man Hurghada noch als verschlafenes Fischerdörfchen bezeichnen, die Küsten waren weitgehend unberührt, die Korallenriffe intakt und eine Handvoll Enthusiasten hatte gerade damit begonnen, für abenteuerlustige Taucher die ersten kleinen Hotels und Tauchcenter zu errichten. Heute reihen sich in dem Ort, der auf Arabisch *Al-Ghardaqa* heißt, auf über 30 km Länge Hunderte Hotels. Und südlich von Hurghada entstanden weitere aus dem Boden gestampfte Ferienbuchten: *Sahl Hasheesh, Makadi Bay* und *Soma Bay.*

Das Freizeitangebot ist unüberschaubar. Es gibt mehr als 100 Surf- und Tauchcenter. Du kannst schnorcheln, Jetski fahren, Touren zu entfernteren Korallenriffen unternehmen oder einfach den Tag am Strand verbringen. Den Urlaubern ermöglicht man hier fast alles, was in Ferienlaune versetzt. In den Clubs wird bis spät in die Nacht gefeiert, und am darauffolgenden Vormittag liegen manche Urlauberinnen oben ohne am Strand – im Rest des Landes undenkbar!

In Hurghadas nördlichem Stadtzentrum *Al Dahar* findest du den Basar und die günstigsten Hotels. Südlich davon beginnt der Ortsteil *Siqala*, oft Sigala ausgesprochen. Ihm folgt Richtung Süden der lange Küstenstreifen, an dem sich die meist teuren Hotels befinden. Sehr gelungen ist Hurghadas *Marina Boulevard (hurghadamarinaredsea.com)* mit Läden, Restaurants, Cafés, Clubs und Bars.

Von Hurghada aus werden ein- oder (besser!) mehrtägige Ausflüge nach Luxor und Kairo angeboten. Busse, Taxis und Pkw unterwegs ins Niltal fuhren zuletzt nur noch in Ausnahmefällen aus Sicherheitsgründen zwischen Safaga und Luxor im Konvoi unter Polizeibegleitung. Nach Sharm El-Sheikh auf dem Sinai gibt es eine Fährverbindung *(Mi, Do, Sa | 1½ Std. | abmaritime.com.jo).*

Hat genauso wie Hurghada nicht bloß Dorf-Format: die El-Mina-Moschee

SIGHTSEEING

RED SEA AQUARIUM

Hier kann man die farbenprächtigen Fische des Roten Meers kennenlernen, deren Artgenossen einem später vielleicht unter Wasser begegnen. *Tgl. 9–17 Uhr | Eintritt 200 £E, Kinder 125 £E | Corniche 6 | nördl. des Three Corner Village | 1 Std.*

HURGHADA MUSEUM

Die aus Theben stammende Statue der Königin Merit-Amun, Tochter und Gemahlin Ramses II., ist eines der Highlights dieser 2020 eröffneten archäologischen Sammlung. Sie zeigt knapp 1800 Exponate von pharaonischer bis moderner Zeit, darunter Sarkophage, Mumien, christliche Ikonen. *Tgl. 10–14 und 17–23 Uhr | 250 £E | Airport Road, Mubarak 6 | hurghadamuseum.com | 1–2 Std.*

HURGHADA GRAND AQUARIUM

Es erwarten euch riesige Meerwasserbecken mit rund 1200 Bewohnern. Durch die dicken Scheiben, vor denen ihr sicher eine ganze Weile stehen bleibt, und in einem Glastunnel erlebt ihr die Welt des Roten Meers aus nächster Nähe: Da schwimmen Haie, Rochen, Schildkröten ... Hat jemand schon eine Muräne entdeckt? *Tgl. 9–19 Uhr | Eintritt 25 Euro, Kinder 12,50 Euro | Safaga Village Road km 12 | hurghadaaquarium.com | 1 Std.*

ESSEN & TRINKEN

BORDIEHN'S

Neue Geschmackswelten erkunden: Das Restaurant ist *die* Adresse für kulinarische Besonderheiten wie Kamelschinken mit Melone oder

Kamelsteak. Zu den Küchenkreationen mit traditionellen ägyptischen Zutaten gehören auch in *Taamiyya*-Teig gebackenes Hähnchen oder Burgunderschmorbraten vom Niltal-Wasserbüffel. Wer essensmäßig Heimweh hat, findet auf der Speisekarte aber auch Bratwurst, Schnitzel und Sauerbraten. *Tgl. 17–21.30 Uhr | im Arabia Azur Resort | Siqala | Mobiltel. 0100 5 45 99 91 | bordiehn.org | €€–€€€*

AL HALAKA

Gegenüber vom Fischmarkt serviert man auf zwei Etagen Muscheln, Meeresfrüchte und Fisch. Den suchst du dir an der Eistheke selbst aus und sagst auch gleich, wie du die Hauptspeise zubereitet haben möchtest. Doch los geht's erst mal mit Mezze – alles vom Feinsten. *Tgl. 12–24 Uhr | Sakala Square | Tel. 065 3 44 26 49 | €€*

STARFISH

Hier ist es bodenständig, nie ganz leise und meistens voll (auch mit Einheimischen). In dem Fischrestaurant suchst du wie üblich deine fangfrische Hauptspeise von der Theke am Eingang aus. Besonders gut ist die Fischsuppe. Auch ein Treffer: *Buri Sengari,* mit Gemüse und Gewürzen aufgeklappt und im Holzofengrill zubereiteter Fisch. *Tgl. 12.30–0.30 Uhr | Sheraton Road | Siqala | Tel. 065 3 44 37 51 | €€*

INSIDER-TIPP
Schmeckt nach Meer

NUBIAN CAFÉ AND RESTAURANT

Als Vegetarier bist du hier auf alle Fälle gut versorgt – auch in Fleisch liebender Begleitung, die sich am Kamelsteak satt essen kann. Die Küche ist traditionell nubisch, also aus dem Süden Ägyptens, was für kräftige Hausmannskost mit Suppen, Mezze und für große Portionen steht. Am Ende gönnst du dir eine Shisha und den leckeren Tee. *Tgl. 10–22 Uhr | Hurghada Marina | €€*

POLO NORD

Schlecken mit Meerblick! Das Eiscafé am Boulevard der Hurghada Marina hat fantastische Eiskreationen. Shakes, Smoothies oder Nutella-Crêpes gibt's auch. *Tgl. 9–22 Uhr | Hurghada Marina | Facebook: polo nordhurghada | €*

STONE RESTAURANT & BAR

Neben Schweizer Küche und Drinks (Happy Hour 18–22 Uhr) gibt's Steaks, auch vom Kamel – schmeckt großartig! Regelmäßig steigen hier auch Salsa-Nächte, dann ist die Tanzfläche voll. *Tgl. 11–1 Uhr | Hurghada Marina | Mobiltel. 0122 2 65 58 09 | Facebook: stonerestaurantandbar | €€€*

WHITE ELEPHANT

Lust auf Chili und Curry statt Tahina und Hummus? Hier bekommst du sehr gute Thai-Gerichte, auf Wunsch auch wirklich scharf; Sushi und Sashimi gibt's obendrein. *Tgl. 12–1 Uhr | Hurghada Marina | Mobiltel. 0100 1 02 51 17 | €€–€€€*

ZAFRAAN

Der Weg nach Sahl Hasheesh lohnt sich: Dich erwarten ausgewählte indische Gerichte. Frisch gebackenes Brot und raffinierte Desserts komplettieren das Abendessen bei Kerzenschein und dezenter Livemusik. Unbedingt vorab reservieren! *Tgl. 19–22.30 Uhr | Oberoi Sahl Hasheesh Beach Hotel | Tel. 065 3 46 10 40 | oberoihotels.com/hotels-in-sahl-hasheesh | €€€*

SHOPPEN

Gefühlt gibt es in Hurghada pro Touristen einen Laden. Das Angebot reicht vom Megasupermarkt *Carrefour*

Auf dem Basar von Al Dahar kann man auch mal schnell Vitamine tanken

(tgl. 9–1 Uhr | El Nasr) über Souvenirshops bis hin zu Modeboutiquen jeder Preiskategorie.

Der Basar in *Al Dahar* ist der älteste des Orts. Im Bereich des „Hotel Strips" im südlichen Hurghada kannst du an der langen *Mamsha-Promenade* Souvenirs, Mode und alles Notwendige kaufen, es gibt auch Cafés und Restaurants.

SHOPPINGCENTER

Beliebt ist in Flughafennähe die große *Senzo Mall (tgl. 10–23.30 Uhr | senzomall.com)*, die neben einem Kinderbereich und einem Foodcourt Boutiquen und Märkte beherbergt und von Shuttles angefahren wird. Neuer ist die *City Center Mall (tgl. 9.45–23.45 Uhr | nahe Hilton Plaza)* im nördlichen Hurghada.

SAHARA GALLERY

Mal etwas anderes zum Shoppen: Farbecht bedruckte Stoffe sowie Bettwäsche der Marke Comfort Bed Linen stehen u. a. zur Auswahl, und das in mehr als tausend verschiedenen Designs, von schlicht über traditionell bis modern. Alle Stoffe bestehen aus reiner ägyptischer Baumwolle. Ideal für Sofas, Kissen und Bettdecken. *Tgl. 10.30–22 Uhr | Sharia El Nasr 5 | Facebook*

INSIDER-TIPP
Orientalische Muster für die Couch

SPORT & SPASS

Fast überall sind Strandbuggy- und Quad-Ausflüge, Reittouren sowie Kamelsafaris buchbar, oft mit Barbecue und/oder einem Besuch bei Beduinen. Infos hängen in den Hotels aus. Außerdem kann man sich die Zeit mit Jetski- und Wasserskifahren, Parasailing oder Kitesurfen vertreiben. Laute Musik gibt's oft gratis dazu.

MO'S DELFINAUSFLÜGE

Eins vorweg: Delphine dürfen für hübsche Fotos aus der Nähe weder mit dem Boot gejagt noch sonst wie gestresst werden. Mo, der das alles seinen Gästen auf Deutsch erklärt, gilt als Veranstalter, der sich an diese Regeln hält. Aber mehr zu deinem Trip: Er beginnt gegen 6 Uhr, du bist rund 12 Stunden unterwegs. Mit dem Boot geht es zu Riffen und Plätzen, wo sich oft Delphine tummeln. Wenn alles gut läuft, siehst du welche und kannst sogar in ihrer Nähe schwimmen. *60 Euro inkl. Transfer, Verpflegung, Schnorchelausrüstung | Mobiltel. 0115 44 47 88 82 | delfinausflug.de*

SINDBAD SUBMARINE

Hinunter in die Tiefe: 44 Passagiere tauchen mit dem U-Boot auf 22 m unter dem Meeresspiegel ab und erleben Korallenbänke und Riffe aus nächster Nähe – aber im Trockenen.

Fischschwärme und mit etwas Glück auch Delphine siehst du am besten von den äußeren Plätzen des Oberdecks aus. *Tauchgänge 10–14 Uhr stündlich ab Sindbad Aqua Park Resort | ab 35 Euro inkl. Transfer vom/zum Hotel | Tel. 065 3 40 42 27 oder über die Hotelrezeption | sindbadclub.com*

JAMES & MAC DIVING CENTER

Eine der ältesten (auch deutschsprachigen) Tauchschulen Hurghadas ist auch eine der besten. Hier wird umweltbewusst ausgebildet und getaucht. Für Teilnehmer gibt es einen Abholservice ab Hotel. *Tauchkurs (5 Tage Open Water Diver) ab 415 Euro | Giftun Azur Resort | Mobiltel. 0122 3 11 89 23 | james-mac.com*

UNTERWASSERSCHÄTZE

Zum ägyptischen Teil des Roten Meers gehören rund 1500 km an Riffen. Von Hurghada aus liegt in 1–1½ Stunden Entfernung das *Shaab Umm Qamar* mit dem farbenprächtigen *Carless Reef*. Weitere Tauchattraktionen sind die *Tubiya-Insel (Tobia)* vor der Küste von Safaga und 15 km südlich von Marsa Alam das *Dolphin House*, wo die Chance hoch ist, viele Delphine zu sichten. Eingefleischte Taucher fahren mehrere Stunden zu weiter südlich liegenden Riffen. Besonders beliebt ist wegen seiner Küstennähe das berühmte *Elphinstone Reef (bei Marsa Alam)*, wo sich oft Haie tummeln.

Aber: Umweltexperten zufolge sind über zwei Drittel der Korallenriffe vor Hurghada geschädigt, vor allem durch Taucher, die Korallen als Souvenirs plündern. Als bedroht gelten auch die fernen Riffe, z. B. vor Sharm El-Sheikh, weil Boote trotz drohender hoher Strafen ihre Anker festmachen und Taucher und Schnorchler wortwörtlich darauf herumtrampeln. Tauchtouristen sollten deshalb vor der Buchung mit dem Anbieter klären, ob bei Tauchgängen z. B. nur an Bojen festgemacht wird. Und wer Korallenräuber bemerkt, sollte das dem Kapitän oder Tauchguide melden. Der Umwelt zuliebe.

RED SEA DOLPHIN GLASBODENBOOT

Ohne nass zu werden unter Wasser gehen: Die Katamarane laufen mehrmals am Tag aus und bieten euch vom Unterdeck aus Panoramaeinblicke in die faszinierende Unterwasserwelt des Roten Meers. *Ab 35 Euro inkl. Transfer vom und zum Hotel | Mobiltel. 0100 2 19 27 33 | redsea dolphin.net*

SEA HORSE SAHL HASHEESH

Sauberer Reitstall, der neben Pferdetouren auch Kamelritte anbietet. Je nach Können führen die Ausflüge am Strand entlang (du hast die Wahl zwischen Sonnenauf- und Sonnenuntergang) oder in die Wüste. *Tgl. 8–18 Uhr | Sahl Hasheesh | Mobiltel. 0115 7 63 33 69 | seahorsesafari-ma kadi.com*

STRÄNDE

So gut wie alle Strände von Hurghada gehören zu Hotels und sind bewacht. Häufig ist die Tagesnutzung („day use") für Nicht-Gäste gegen eine Gebühr möglich, ab und an verbunden mit einem Mindestverzehr oder einem Tageszimmer. Günstiger sind Strände wie *Old Vic (Eintritt 150 £E | Village Road)* oder der *Dream Beach (Eintritt 200 £E | Sheraton Road)*. Klein, aber sehr hübsch ist der *Biwa Beach (Eintritt 55 £E)* nahe dem Sunrise Holidays Resort. Überall gibt es Umkleiden, Liegen, Sonnenschirme und Snacks, oft auch Musikbeschallung in unterschiedlichster Lautstärke.

MAHMYA BEACH

Ein von Palmen und viel Grün umgebener, sehr gepflegter Strand. Hier kannst du in der Bucht baden, Beachvolleyball spielen, mittag- und abendessen, in der Lounge den Sundowner genießen, und abends gibt es oft Partys. *Strand tgl. 9 Uhr bis Sonnenuntergang, Restaurant bis 23 Uhr | Eintritt ab 400 £E, die Hälfte wird auf Speisen und Getränke angerechnet | Sheraton Road | mahmya.com*

SAILORS BEACH CLUB

INSIDER-TIPP **Schön im Abseits**

Ein gepflegter und von Hurghada etwas abgelegener, deshalb nicht überlaufener und noch dazu weiter Sandstrand. Hier warten bequeme Liegen, Sonnenschirme, ein Restaurant. Du erreichst den Beachclub am besten mit dem Auto. *Tgl. 9–24 Uhr | Eintritt 300 £E | Sahl Hasheesh | sailors-beach-club-ex-il-gusto-beach.busi ness.site*

AUSGEHEN & FEIERN

Das Partyprogramm nach Sonnenuntergang ist ordentlich. An einem Freitag im Monat steigt an der Al Dau Art Promenade das *Street Festival (ab 19.30 Uhr | Termine auf Facebook: Al Dau.ArtPromenade)* mit Tanzshows und Livebands. Viele Clubs veranstalten Ladys Nights mit freiem Eintritt für Frauen.

NAGUIB MAHFOUZ CAFÉ

Einfach nett: essen, trinken, Wasserpfeife rauchen mit Meerblick. Das

Caférestaurant ist abends ein beliebter Treff. *Tgl. ab 9 Uhr | Marina Boulevard | Mobiltel. 0122 2 28 78 25 | Facebook | €€*

PAPAS CLUB

Das Konzept lautet „Nächte mit Spaß und Dynamik", soll heißen: Hier gibt's über die Woche verteilt Salsa-Nächte, Hip-Hop, R&B, Ladys Nights. *Tgl. ab 23 Uhr | Mamsha Road nahe dem Carrefour | Facebook: Papas.Club. Hurghada*

CARIBBEAN BAR

Keine Glamouradresse, aber dafür eine am Meer. In der coolen Strandbar isst man Gegrilltes, trinkt Cocktails, raucht Shisha. Mit der Dunkelheit beginnt hier das Leben. *Tgl. 7–24 Uhr | Bella Vista Hotel | Sheraton Road | Siqala | Mobiltel. 0111 0 49 74 36 | Facebook | €€–€€€*

RETRO PUB

Entspannter geht's kaum. Zu Drinks und Sandwiches gibt es sonntags oft Livemusik, samstags Retro-Nächte mit Musik aus den 80ern. Die Pizzen sind gut und günstig. *Tgl. 12–3 Uhr | Sheraton Road | Siqala | Mobiltel. 0100 5 12 66 67 | Facebook: retropubhrg | €€*

EL SAWY CULTURE WHEEL

In Kairo ist der Kulturtreff eine Institution. Im Ableger hier in Hurghada erlebst du Theater- und Konzertabende mit einheimischen Künstlern. *Dibaj Mall | Hadaba Road/Zabargad | Mobiltel. 0106 5 53 05 27 | Facebook: El SawyculturewheelHurghada*

Wasserspaß im Roten Meer: Du kannst baden, bis dir Schwimmhäute wachsen

LITTLE BUDDHA

Hurghadas beliebten Dancefloor überblickt eine riesige Buddhafigur. Das Lokal schließt um Mitternacht; Sushibar und Club haben bis 4 Uhr morgens auf. Hier lernst du schnell Leute kennen. *Village Road | im Sindbad Resort | Mobiltel. 0122 0 00 19 61 | Facebook: littlebuddhahrg | €€–€€€*

PAPAS BAR

Die Hurghada-Legende, gegründet 1998, bietet mehrmals die Woche Karaoke (mit Gratis-Tequila für die Sänger) und Livemusik. Hier bekommst du Bier, Burger und lernst ganz locker Leute kennen. Happy Hour ist von 17 bis 20 Uhr. Auf der TV-Leinwand wird regelmäßig Livesport gezeigt. *Tgl. ab 12 Uhr | Mamsha Road nahe Carre-*

Abwechslung vom Hotelstrand? Mahmya Island ist eine Bootstour von Hurghada entfernt

four | Mobiltel. 0106 8 83 35 52 | Facebook: PapasBarHurghada | €€

ELEMENTS CLUB & LOUNGE

Ausgelassenes Publikum und Musik von Top-DJs aus den internationalen Charts – kurz: der derzeit beste Club zum Feiern und Tanzen. Vor 22/23 Uhr brauchst du nicht da sein. *Tgl. 20–3 Uhr | Steigenberger Al Dau/Aqua Magic | Al Dau Art Promenade | steigenbergeraldaubeach.com/elements*

FANTASIA SHOW

Ja, es ist irgendwie kitschig, aber nicht schlecht: *Alf Leila wa Leila* (übersetzt: 1001 Nacht) ist ein Folklorespektakel mit Pharaonen, Beduinen, Sufi-Tänzern, arabischen Rittern zu Pferd und natürlich Bauchtanz, alles untermalt mit Licht und Musik. Die Show steigt abends in einer Open-Air-Arena für 2500 Zuschauer. *Buchung in deinem Hotel, ab 30 Euro | Alf Leila wa Leila Hotel | im Süden von Hurghada | Tel. 065 34 64 60 19 | short.travel/rot31*

RUND UM HURGHADA

2 BIG GIFTUN ISLAND (MAHMYA ISLAND)

1½ Std. Bootsfahrt ab Hurghada

Sie ist die zweitgrößte von 22 Inseln im Roten Meer, die unter Naturschutz stehen. 2004 sollte sie an den italienischen Immobilienmagnaten Ernesto Preatoni verkauft werden, der 2 Mrd. Dollar in den touristischen Ausbau investieren wollte. Heftiger Protest von ägyptischen und internationalen Umweltaktivisten verhinderte dies jedoch. Der *Mahmya-Strandclub* auf der Insel hält alle Umweltschutzrichtlinien ein und gilt als Ökocamp mit Liegestühlen, Restaurant und konsequentem Abfallmanagement. Der Strand eignet sich hier allerdings eher weniger zum Schnorcheln, diverse Boote fahren zu besseren Stellen. *Tgl. bis Sonnenuntergang | 56 Euro inkl. Lunch und Bootsüberfahrt ab Sheraton Marina um 8.30 (Rückfahrt 15 Uhr) und 10 Uhr (Rückfahrt zum Sonnenuntergang) | Mobiltel. 0100 1 11 97 92 | mahmya.com |* *F10–11*

3 MAKADI BAY

30 km südlich von Hurghada, 20 Min. Autofahrt

Früher Wüste, heute hübsches Hoteldorf. Die erste Unterkunft an der schönen Bucht entstand 1998, inzwischen sind rund drei Dutzend weitere Häuser dazugekommen. An der Makadi-Bucht kann man eine Art Konfektionsurlaub verbringen, allerdings einen der feineren Sorte. Hier ist alles vorhanden, was einen Cluburlaub angenehm macht: Tauchschulen und Surfcenter, Bars und Restaurants sowie kleine Shoppingmalls. Fast alle Hotels bewirten nach dem All-inclusive-Prinzip. Sehr gut sind im Resort das romantische asiatische Restaurant *Tukai* und das indische *Amaya*.

Besonders groß ist das Freizeitangebot. Der weitläufige 18-Loch-Golfplatz der Extraklasse wurde schon mehrfach zum besten Ägyptens gekürt. Reservieren kann man – auch Anfängerkurse – über die Hotelrezeption oder im Clubhaus: *Madinet Makadi Golf Resort (Mobiltel. 0100 0 07 25 78 | madinatmakadigolf.com).* Ein kostenloser Shuttlebus fährt von mehreren Hotels der Makadi Bay nach Hurghada. *F11*

4 SHARM AL-NAGA

40 km südlich von Hurghada, 30 Min. Autofahrt

INSIDER-TIPP **Auf kurzem Weg ins Aquarium**

Wer den Trubel in Hurghada über hat, findet hier eine der schönsten Buchten. Der Sandstrand ist lang, vor dem Ufer befinden sich an nahen Korallenriffen einige wunderbare Schnorchelreviere in gutem Zustand, die bequem ohne Boot zu erreichen sind. Das Fleckchen Erde ist aber nicht wirklich menschenleer, da manche Hotels in Hurghada Tagesausflüge samt Barbecue hierher anbieten. Vor der Küste im offenen Meer gibt es attraktive Tauchgründe. Touren mit kleinen Booten oder Yachten dorthin kannst du im Tauchcenter des *Sharm El-Naga Resorts (Mobiltel. 0101 1 12 94 2 | sharmelnaga.com)* buchen. Ein Tag „day use" innerhalb des Resorts inklusive Mittagessen, Softdrinks, Schnorchelausrüstung kostet 49 Euro/Person. *F11*

5 SOMA BAY ★

50 km südlich von Hurghada, 40 Min. Autofahrt

Die Halbinsel Ras Abu Soma war einmal ein 10 km² großes Naturparadies für seltene Vögel, Schildkröten usw., dann wurde 1996 mit dem Bau des ersten Resorts begonnen. Allerdings ist man dabei durchaus behutsam vorgegangen. Die Ufer blieben frei, die Spitze der Halbinsel unbebaut. Innerhalb der Hotelanlagen kam viel Grün hinzu, denn die in der resorteigenen, Anlage wiederaufbereiteten Abwässer werden zur Bewässerung der Gärten und Grünanlagen genutzt.

Die Bezeichnung Soma Bay führen mehrere Hotels der gesamten Gegend im Namen, das Herzstück ist aber ein in sich abgeschlossenes Resort an der Spitze der Halbinsel, das derzeit aus fünf Hotels besteht. Die Marina *Marsa Tubya* bietet Liegeplätze für 70 Yachten. Hier findest du auch Straßencafés und Läden.

Die Golflegende Gary Player entwarf den mehrfach ausgezeichneten Golfplatz *The Cascades (Tel. 065 3 56 26 00 | thecascades.com/golf)*, auf dem ab und an der Wind der größte Gegenspieler ist. Wenn dir mehr nach Entspannung ist, wartet das *The Cascades Spa & Thalasso (im The Cascades Golf Resort & Spa | Tel. 065 3 56 26 00 | the cascadeshotel.com/spa-and-thalasso)* mit einem breiten Angebot an Massagen und Beautybehandlungen. *F11*

6 SAFAGA

65 km von Hurghada entfernt, 1 Std. Autofahrt

Die älteste Hafenstadt am Roten Meer liegt südlich von Hurghada. Ihr Hafen wurde 2450 v. Chr. von Pharao Sahure für den Handel und zur Erforschung des Meers erbaut. Heute wird er vor allem als Armeestützpunkt und Umschlagplatz für Handelswaren genutzt.

Safaga hat kaum Sehenswürdigkeiten, an Schuppenflechte Erkrankte sollen hier aber Linderung erfahren. Ein Team des nationalen Forschungszentrums will herausgefunden haben, dass es unter den 45 000 Menschen, die in der Stadt und in ihrem Umkreis leben, praktisch keinen Erkrankungsfall mehr gibt. Das Meerwasser ist hier 35 Prozent salziger als üblich, der schwarze Sand enthält radioaktive Substanzen. Nun möchte man eine Art Kurtourismus etablieren. Auch bei Windsurfern ist die Region beliebt. *F12*

7 MONS CLAUDIANUS

120 km südwestlich von Hurghada, 1½ Std. Autofahrt

Der schwarze Granit, den die Römer bis vor 1800 Jahren aus dem Steinbruch holten, fand in Roms Prachtbauten Verwendung. Zu sehen sind u. a. Siedlungsreste, halb fertiggestellte Säulen – und eine schöne Wüstenlandschaft auf dem Weg dorthin. *E11–12*

8 LUXOR ★

300 km südwestlich von Hurghada, 4–4½ Std. Autofahrt

Ein Ausflug ins Niltal bringt dich zu einem pharaonischen Top-Highlight des Landes, zu Tut-anch-Amun, Ramses und zur Königin Hatschepsut. An der Nilpromenade von Luxor, der Corniche, ziehen Pferde Touristenkutschen über den Asphalt, während über dem Tal der Könige die Sonne untergeht – Luxor ist der kulturelle Höhepunkt Ägyptens.

Bis zum Beginn des Mittleren Reichs war Waset, wie der Ort damals hieß, nur ein Lehmhüttendorf. Mit der Vereinigung Ober- und Unterägyptens durch Pharao Mentuhotep II. (ca. 2060–2010 v. Chr.) begann der kometenhafte Aufstieg zur Hauptstadt des Reichs. Zu ihrem Aufblühen trug auch

Der Säulensaal des Karnak-Tempels – riesig wie alles an dieser Anlage

der zum Reichsgott erhobene Lokalgott Amun bei: Ihm zu Ehren baute man Tempel, Kapellen und Säulenhallen, die heute das Kapital der vom Tourismus lebenden Stadt (350 000 Ew.) sind. Um alle Sehenswürdigkeiten auf beiden Seiten des Nils zu besichtigen, braucht es drei Tage. Einen Vorschlag für eine ausgiebige Stadterkundungstour findest du auf S. 116.

Am Ostufer von Luxor (Theben-Ost) steht die *Karnak-Tempelanlage (tgl. 6–18, im Winter bis 17 Uhr | Eintritt 150 £E | Sound & Light Show, teils auch auf Deutsch, tgl. um 19, 20 und 21 Uhr, Infos unter soundandlight.show)*. Die Bauarbeiten auf diesem Areal begannen während der 12. Dynastie mit dem Reichstempel des widderköpfigen Weltenschöpfers Amun. Von da an fügte jeder Pharao dem Werk seines Vorgängers ein weiteres hinzu. Im Lauf von zwei Jahrtausenden entstand so ein gigantischer Gottesbezirk mit Tempeln, Toranlagen, Kolonnaden und Heiligem See.

Ein 2700 Jahre alter Prachtboulevard mit Gärten und Statuen – die frisch restaurierte *Sphingenallee* – verbindet Karnak über knapp 3 km mit dem südlich gelegenen *Luxor-Tempel (tgl. 6–22, im Winter bis 21 Uhr | Eintritt 140 £E | Corniche)* im Stadtzentrum. Dieser ist der Götterfamilie Amuns geweiht. Er strotzte vor dekorierten Wänden, Säulen und Götterbildern.

Das nahe *Luxor-Museum (tgl. 9–14 und 17–21 Uhr | Eintritt 120 £E | Corniche)*, eins der schönsten Museen Ägyptens, zeigt beeindruckende pharaonische Statuen, Porträts und Obelisken sowie Funde aus einer 1989 entdeckten Cachette, darunter u. a. Figuren von Amenophis III.

Mega! Klotzen, nicht kleckern, scheint beim Bau des Ramesseums gegolten zu haben

Im *Mumien-Museum (tgl. 9–14 und 16–21 Uhr | Eintritt 120 £E | Corniche)* wiederum entdeckst du Mumien von Tieren, die wie Götter verehrt und einbalsamiert wurden. Zu sehen sind z. B. ein Sobek-Krokodil und eine Bastet-Katze.

Weiter geht's nach Theben-West: Dort erwartet dich die große *Nekropole (tgl. 6–19, im Winter bis 16 Uhr | Tickethäuschen hinter den Memnonskolossen),* das Reich der Toten. Es erstreckt sich am gesamten Westufer des Nils. Hier wähnten sich die Pharaonen für ihre Reise ins Jenseits sicher vor Grabräubern – was für ein Irrtum! Hier thronen auch die jeweils 800 t schweren *Memnonskolosse.* Diese knapp 19 m hohen Sitzfiguren König Amenophis' III. sind die einzigen Überbleibsel seines Tempels. In der Antike gaben die Kolosse mysteriöse Klagelaute von sich, vermutlich verursacht von Spalten, die durch Feuchtigkeit und Hitze zu vibrieren und zu „singen" begannen.

Stolze 65 Pharaonengräber wurden im *Tal der Könige* bisher lokalisiert. Tickets gibt's im dortigen Visitors Center *(Eintritt drei Gräber 200 £E, Tut-anch-Amun-Grab 250 £E, Grab Sethos I. 1000 £E; Foto- und Videoticket für drei Gräber ohne Tut-anch-Amun/Sethos I. 300 £E).* Weltweit machte das Tal erstmals 1922 Schlagzeilen, als Howard Carter Tut-anch-Amuns Grab entdeckte. Die Beigaben und Särge aus Gold dieses unbedeutenden, jung verstorbenen Herrschers lassen erahnen, was Räuber wohl aus Gräbern wirklich großer Pharaonen plünderten. 2015/16 untersuchte man, ob sich hinter dem Grab Tut-anch-Amuns ein weiteres befindet, womöglich das seiner Stiefmutter Nofretete. Das radiologische Ergebnis: Vorerst keine Hinweise. Fortsetzung folgt.

Im *Tal der Königinnen* liegt das wunderbar erhaltene und nur zeitweise zugängliche *Grab der Königin Nefertari*, der jung verstorbenen Frau Ramses' II. Kein Grab hat schönere Malereien und prächtigere Farben *(Eintritt drei Gräber 100 £E, Nefertari-Grab 1000 £E)*.

Vor der Kulisse des Kalksteinmassivs erhebt sich in Terrassen der *Hatschepsut-Tempel (Eintritt 120 £E)*. Wandmalereien erzählen hier von der Expedition dieser später vermutlich ermordeten Herrscherin nach Punt (im heutigen Somalia).

Die Wanddarstellungen im *Ramesseum (Eintritt 100 £E | 400 m nördl. der Memnonskolosse)* verherrlichen Ramses II., der Nubier, Libyer, Hethiter unterwarf und strotzend vor Kraft – er soll Vater von 200 Kindern gewesen sein – 67 Jahre lang regierte.

Wenn sich bei so viel Input für Augen und Hirn dann der Magen meldet: Im *Sofra Restaurant & Café (tgl. 11–24 Uhr | Sharia Mohammed Farid 90 | Tel. 095 2 35 97 52 | sofra.com.eg | €)* kommt ägyptische Hausmannskost auf den *sofra*, also den Esstisch. Wer ein authentisches Café im Basar sucht, steuert das *Oum Koulsoum (tgl. 6–23 Uhr | Facebook: Oum Kolsoum caffe Luxor | €)* an.

INSIDER-TIPP
Von Archäologen getestet

Auf der Westuferseite genießt du ägyptische Küche in einem herrlich schattigen Gastgarten bei *Sheikh Ali*. Seit der Gründung in den 1940ern wohnen hier viele Grabungsteams *(tgl. 10–22 Uhr | Marsam Hotel & Restaurant | Theben, nahe Ramesseum | Mobiltel. 0100 3 42 64 71 | marsamhotelluxor.com)*.

Ein beliebter Abendtreff mit Billard und Darts ist *The King's Head Pub (tgl. 10–2 Uhr | Sharia Khalid Ibn Al-Walid 1 | Facebook: KingsHeadPubAndRestaurant)*. Oder du schaust im 1886 erbauten Hotel *Sofitel Winter Palace (Corniche | sofitel.com)* mit seinem herrlichen Park vorbei: Gegenüber dem Lesesalon ist die *Royal Bar* ein nostalgisches Relikt aus der britischen Kolonialzeit. Dort trinkt man gerne den klassischen Luxordrink – einen Gin Tonic. *C14*

EL QUSEIR

(G13) **Die idyllische, leicht italienisch anmutende Hafenstadt lag in pharaonischen, römischen und arabischen Zeiten an einer bedeutenden Handelsroute.**

Muslimische Pilger brachen von hier aus mit Schiffen nach Mekka auf. Ende des 19. Jhs. aber erhielt Suez Bahnanschluss. Handels- und Pilgerströme nahmen fortan einen anderen Weg, sodass El Quseir seinen Niedergang erlebte. Bis 1956 förderte eine italienische Firma hier noch Phosphat.

In der malerischen Altstadt steht eine ottomanische *Zitadelle*. Bis vor 100 Jahren war sie das Trinkwasserdepot des Orts, als das Wasser noch mit Schiffen aus dem Jemen geholt wurde. Heute beherbergt sie das Visitor Center und ein *Museum zur Stadtgeschichte (tgl. 9–17 Uhr | Eintritt 40 £E | 30 Min.)*, das schnell besichtigt ist. Sehenswert sind in der Altstadt noch der *Schrein des Scheichs Al-Gilany*, die

Kirche der Jungfrau Maria und mehrere alte Moscheen.
Die Gastronomie in El Quseir gibt außerhalb der Hotels nicht viel her. Eine Ausnahme ist das *Restaurant Marianne (tgl. 12–15 und 18–22 Uhr | Sharia Port Said | Tel. 065 3 33 43 86)* mit leckeren Fischgerichten ab 45 £E.

MARSA ALAM

(🕮 H16) **Die Hotelanlagen, die alle irgendwie unter der Bezeichnung ★ Marsa Alam firmieren, befinden sich nicht in dem kleinen Ort selbst, sondern liegen auf einer Strecke von über 100 km entlang der gesamten Küste verteilt.**
Bis zum nächstgelegenen Flughafen *(marsa-alam-airport.com)* sind es etwa 60 km. Eine der jüngsten Feriensiedlungen ist das schicke *Port Ghalib (portghalib.com)* mit zuletzt fünf Resorthotels.

SPORT & SPASS

KITESURFEN & TAUCHEN

Konstanter Wind – das ist der erfreuliche Standardwetterwert fürs Kitesurfen in der Region um Marsa Alam. Eine Kitesurfschule hat das *Magic Tulip Beach Resort (17 km südl. des Flughafens | Mobiltel. 0114 5 18 64 15 | Facebook: TulipMagicResort)*, und auch Tauchen ist von der eigenen Basis aus möglich. Für Tauch- und Kiteanfänger gibt es Schnupperstunden. Noch ein Tipp für Apnoe-Taucher: Bei *Coraya Divers (Marsa Alam | Tel. 065 3 75 01 00 | coraya-divers.com)* geht es von der Plattform aus 90 m in die Tiefe.

Am Strand von Marsa Alam sind die Kamele los

SAFARIS & EXKURSIONEN

In dieser Region sind die Umweltschützer den Tourismusvermarktern zuvorgekommen. Alle Tourenanbieter, darunter z. B. *Red Sea Diving Safari (Tel. 02 33 37 18 33 | redsea-divingsafari. com)*, organisieren nicht nur jede Form von Wüsten- und Tauchtrip, sondern vermitteln auch ökologisches Wissen und arbeiten mit vor allem bei Tauchern beliebten Ecolodges zusammen.

WELLNESS

SPA IM THE PALACE PORT GHALIB

16 stilvoll eingerichtete Therapieräume (toller Hafenblick!), Sauna, Dampfbad, Whirlpool, Gärten – eines der besten Spas des Landes. *Port Ghalib | Tel. 065 3 36 00 00*

RUND UM MARSA ALAM

9 WADI EL-GEMAL

50 km südlich von Marsa Alam, ca. 40 Min. mit dem Auto

INSIDER-TIPP
Abgasfrei erkunden

Auf ins „Tal der Kamele", Weltkulturerbe in der Wüste! *Steven's Taxis* organisiert mit einheimischen Guides z. B. ökologische E-Bike-Touren durch das Wadi, ab und an auch mit Abendessen *(Mobiltel. 0128 4 33 23 37 | marsaalam. com)*. Im Schutzgebiet kannst du seltene Tiere wie Dorkasgazellen und Weißaugenmöwen beobachten. In jüngerer Zeit hat man in der Gegend auch viele prähistorische Felszeichnungen mit Tierdarstellungen (u. a. Giraffen) entdeckt.

Zu dem 7500 km² großen und vom Tourismus weitgehend unberührten Nationalpark gehört noch ein 15 km breiter Schelfbereich des Roten Meers mit herrlichen Korallenriffen und großen Mangrovenbeständen. Toll ist auch eine Tour auf die Insel *Wadi Gemal* vor der Küstenöffnung des Tals. *J16*

SCHÖNER SCHLAFEN IN HURGHADA

EINZIGARTIG GEMÜTLICH

Die 16 Gästewohnungen *Living with art (Hurghada | nahe Sheraton Road | Hadaba | Mobiltel. 0122 11 83 38 | livingwithart.biz | €€)* wurden von der Designerin Karin Ely in tolle Gesamtkunstwerke mit Wohn- und Schlafzimmer, Bad, amerikanischer Küche und Balkon verwandelt. Donnerstagabends trifft man sich hier zum „social gathering" auf der Dachterrasse.

BITTE NICHT STÖREN

Ruhe und Abgeschiedenheit findet man in Hurghada eher selten. Eine schöne Ausnahme ist das *Oberoi Sahl Hasheesh (Sahl Hasheesh | Tel. 065 3 44 07 77 | short.travel/rot32 | 104 Bungalows | €€€)*. Jeder der Bungalows ist eine kleine orientalische Traumvilla, zum Teil mit eigenem Gärtchen und Pool. Am hauseigenen Strand geht es über einen Steg ins Meer.

ERLEBNIS TOUREN

Lust, die Besonderheiten der Region zu entdecken? Dann sind die Erlebnistouren genau das Richtige für dich! Ganz einfach wird es mit der MARCO POLO Touren-App: Die Tour über den QR-Code aufs Smartphone laden – und auch offline die perfekte Orientierung haben.

1 WO DIE EINSIEDLER LEB(T)EN

- Die Grotten von Antonius und Paulus sehen
- In eine zauberhafte Klosterwelt hinter dicken Mauern eintauchen
- Mit Mönchen über Gott und die Welt reden

'Ain Sukhna — 'Ain Sukhna

Strecke: ca. 315 km — 2 Tage, reine Fahrzeit ca. 7–8 Std.

Überprüf vorab die Öffnungszeiten! 2 **Antoniuskloster**: *Tel. 022 5 90 60 26*; 5 **Pauluskloster**: *Tel. 022 5 90 02 18*, Übernachtung dort nur bei Voranmeldung unter *Mobiltel. 0122 0 32 45 40* möglich, Kosten ca. 20 Euro

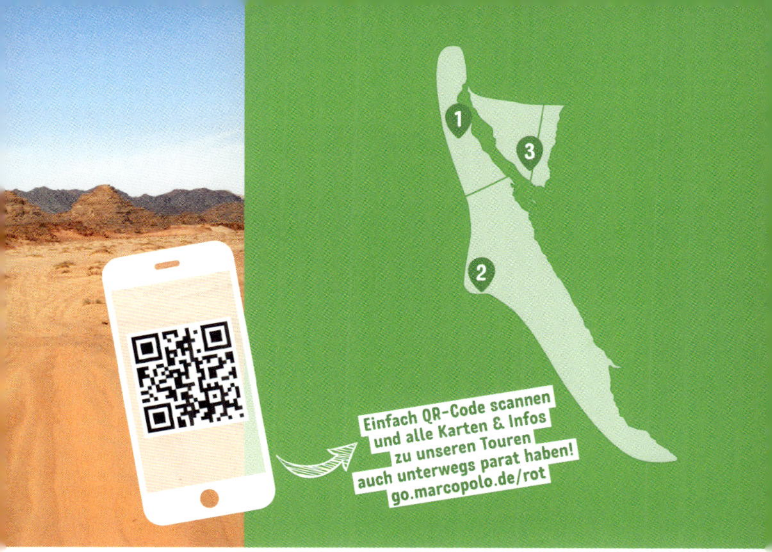
1
2
3
Einfach QR-Code scannen
und alle Karten & Infos
zu unseren Touren
auch unterwegs parat haben!
go.marcopolo.de/rot

Echtes Offroad-Erlebnis: mit dem Jeep durch die Wüste auf dem Sinai

IN EINEM TAXI DURCH DIE WÜSTE

Am ersten Tag solltest du früh raus aus den Federn und spätestens *um 6 Uhr mit dem vorbestellten Taxi in* **① 'Ain Sukhna ➤ S. 78** *aufbrechen*, dann bist du vor 8 Uhr am Klostertor *(Fahrtkosten insgesamt ca. 70 Euro)*. Doch erst einmal geht es *knapp 80 km die Küstenstraße entlang* – linker Hand das Rote Meer mit Ölbohrtürmen und die Küste, rechter Hand die Bergzüge der Arabischen Wüste – *Richtung Süden bis zum kleinen Hafenstädtchen Zaafarana, wo du nach rechts abbiegst* und durch das unwirtlich zerklüftete **Wadi Araba** bis auf 400 m über dem Meeresspiegel zum geschichtsträchtigen **② Antoniuskloster (Deir al-Qaddis Antwan) ➤ S. 82** gelangst. Vereinbar mit deinem Taxifahrer, dass er bis zur Weiterfahrt hier auf dich wartet.

TAG 1

① 'Ain Sukhna

115 km 1¾ Std.

② Antoniuskloster

AB IN DIE HÖHLE

Bevor du die Anlage selbst besichtigst, deck dich in der **Kloster-Cafeteria** mit reichlich Getränken und Snacks ein und *steuere dann*, um nicht in die rasch aufziehende Vormittagshitze zu geraten, *zuerst die auf 680 m Höhe liegende* **③ Höhle** *an*, in der Antonius, der Vater des christlichen Mönchtums, als Einsiedler gelebt haben soll. Für den schönen, aber anstrengenden *Auf-*

1,9 km 1½ Std.

③ Höhle

2,4 km 1½ Std.

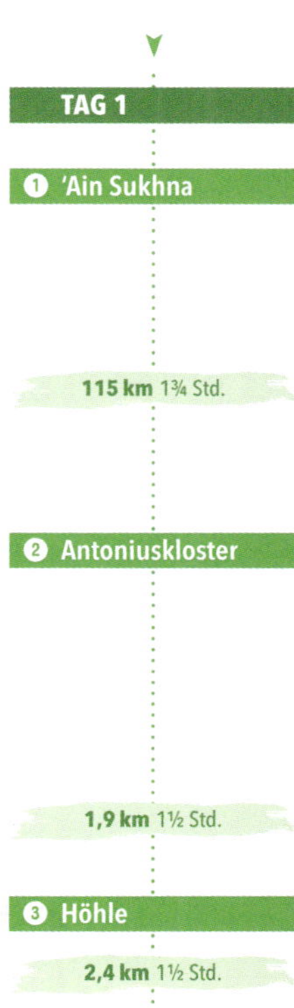

Die Fresken im Antoniuskloster: alt, aber ganz und gar nicht grau

stieg über knapp 1200 Treppenstufen (280 Höhenmeter) solltest du hin und zurück gut 1½ Stunden einplanen. Der Ausblick vom Kliff an der Höhle ist grandios! Hier packst du den Proviant aus und legst eine Picknickpause ein. Schau genau hin: Schon mittelalterliche Pilger haben hier Graffiti im Fels hinterlassen.

4 Kloster

EINE WELT HINTER DICKEN MAUERN

Gegen 10 Uhr bist du zurück im **4 Kloster**. *Gassen zweigen hier von einer Art Hauptstraße ab* und bilden eine große Oasenanlage mit sieben Kirchen, kleinen Häuschen und Gärten, in denen Obst, Gemüse und auch Weinstöcke gedeihen. Eine 2 m dicke, teils 12 m hohe Mauer schützt das Kloster seit jeher vor ungebetenen Gästen. *Mittelpunkt ist die dreischiffige* **St.-Antonius-Kirche** aus dem 6. Jh., die später noch mehrmals baulich verändert wurde. Sie besitzt einige prächtige, farbintensive Fresken – das Bild im Durchgang zum Sanktuarium, das die Erzengel Gabriel und Michael zeigt, ist über 1000 Jahre alt. In einem kleinen **Museum** erfährst du alles über die Klostergeschichte. Außerdem sind alte handgeschriebene Manuskripte zu sehen, die z. B. berichten, wie sich die Mönche vor Räubern schützten, indem sie Fremde nicht durchs Tor einließen, sondern per Flaschenzug auf die Mauer hievten.

Nach einer kleinen Stärkung in der Cafeteria *fährst du gegen 12.30 Uhr mit dem Taxi weiter zum* **5 Pauluskloster (Deir Anba Bula)** ➤ S. 82 – das dauert ungefähr eine Stunde, weil man *zurück an die Küstenstraße und von dort weiter südlich erneut in die Berge fahren* muss. Der Fahrer wird dich hier am Kloster anderntags auch wieder abholen.

85 km 1-1½ Std.

5 Pauluskloster

KIRCHE IM KERZENSCHEIN

Das Pauluskloster hoch oben auf einem Felsen mit Blick über die Arabische Wüste ist kleiner, wirkt malerischer – und mittelalterlicher: Es ist von einer 450 m langen Mauer umgeben. Die **Pauluskirche** wurde über der Grotte des Eremiten Paulus errichtet. Mit ihren Altären und Bibeldarstellungen wirkt sie im Licht von Hunderten Kerzen geradezu mystisch. Eine Treppe führt vom Vorraum in die Unterkirche, wo der Marmorsarkophag mit den Gebeinen des Heiligen steht. Eindrucksvolle Fresken zeigen hier u. a. die Apokalypse.

NACH SECHS IM KLOSTER

Gegen 15.30 Uhr bist du mit der Besichtigung durch. In der **Cafeteria** bekommst du Snacks und einen erfrischenden Minztee oder Softdrink. Übernachten wirst du im einfachen **Guesthouse** des Klosters. Streif spätestens, wenn die Tore für Besucher geschlossen sind, durch die Anlage und fang die besinnliche Stimmung ein. Viele Pilger nutzen den Aufenthalt zum Gebet und zur Meditation. Bestimmt wirst du auch mit einem der sehr freundlichen Mönche ins Gespräch kommen. Sie plauschen gern mit Besuchern über ihr Leben in der Abgeschiedenheit, das sie durch eige-

ne Landwirtschaft seit jeher autark gestalten. Im Gästehaus wird auch das Abendbrot serviert. Dann endet der Tag: Man geht hier früh schlafen, steht früh auf.

TAG 2

110 km 1½–2 Std.

❶ 'Ain Sukhna

Am nächsten Morgen holt dich dein Taxifahrer wieder ab und bringt dich *in gut 1½ Stunden zurück nach* ❶ 'Ain Sukhna.

❷ ZEITREISE ZUR WIEGE DER ZIVILISATION

- ➤ Wo die größten Pharaonen für die Ewigkeit bauten
- ➤ Im Basar von Luxor bummeln, shoppen und feilschen
- ➤ In einer Felukke über den Nil segeln

Start: Steigenberger Nile Palace

Ziel: Steigenberger Nile Palace

Strecke: ca. 60 km

3 Tage, reine Geh-/Fahrzeit ca. 12 Std.

Plan bei Anreise mit dem Mietwagen ab **Hurghada** ➤ **S. 96** rund 4 Std. für die Strecke über Safaga (ca. 280 km) ein und erfrag vor der Abfahrt die aktuelle Sicherheitslage (Hotelrezeption)! Nimm ein Navi mit. Am Ortsausgang von Hurghada, vor Luxor und unterwegs wirst du bei etlichen Checkpoints kontrolliert. In der Regel wird man nur kurz deinen Reisepass ansehen. Je nach Sicherheitslage kann die Fahrt in gesicherten Polizeikonvois angeordnet werden.
Fahr am Abreisetag gegen 14 Uhr in Luxor los, um Hurghada sicher vor Einbruch der Dunkelheit zu erreichen.

TAG 1

❶ Steigenberger Nile Palace

LASS DICH HERUMKUTSCHIEREN

Deine Tour durch Luxor beginnt gegen 10 Uhr. Nach dem Einchecken im ❶ Steigenberger Nile Palace *(short.travel/rot30)* verbringst du den Tag *auf der östlichen Nilseite in Luxor* und heuerst eine der überall an-

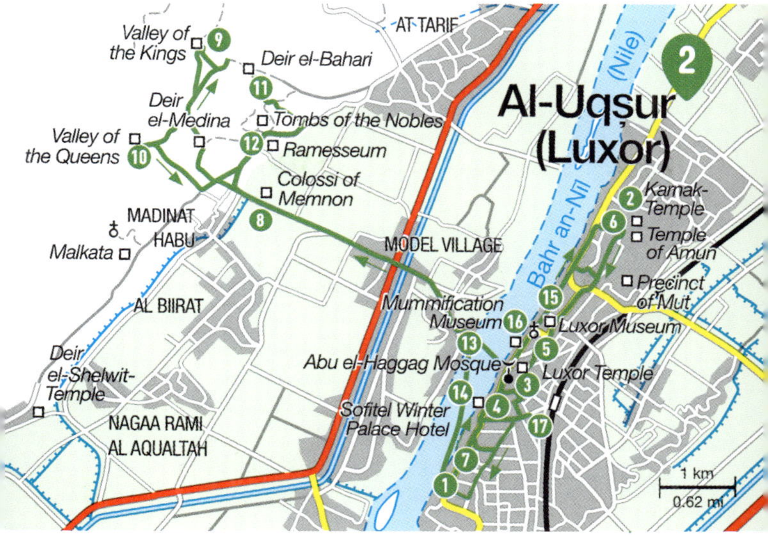

zutreffenden Kaleschen an, die dich – nach vermutlich zähen Preisverhandlungen mit dem Pferdekutscher (peil 30 £E für die einfache Fahrt an) – zu den weltberühmten ❷ Karnak-Tempeln ➤ S. 107 bringt.

5 km 1 Std.

❷ Karnak-Tempel

AUF DEN SPUREN VON 007

Die Anlage, über Jahrtausende eine Baustelle der Götterverehrung, befindet sich *rund 3 km nördlich des Luxor-Tempels*. Nicht weit entfernt vom Eingang mit der Allee der Widdersphingen steht dort der Amun-Tempel. Berühmt ist hier der riesige Säulenwald zu beiden Seiten des Mittelgangs. Die 134 kolossalen Stützen kommen dir vielleicht bekannt vor, selbst wenn du noch nie hier warst: In „Der Spion, der mich liebte" krachte ein vom Beißer gestoßener Steinblock knapp an James Bond vorbei.

6 km 1½ Std.

Während der Mittagshitze *ziehst du dich ins Hotel zurück*. Danach geht's dann zu Fuß auf zum kolossalen ❸ Luxor-Tempel ➤ S. 107 *im Stadtzentrum*. Er ist den Gottheiten Amun und Mut sowie ihrem Sohn Khonsu geweiht. Zwei große Sitzstatuen Ramses' II. empfangen dich am Eingang.

❸ Luxor-Tempel

0,3 km 5 Min.

❹ Sofitel Winter Palace

0,6 km 10 Min.

❺ Basar

3 km 40 Min.

❻ Karnak-Tempel

5 km 1 Std.

❼ The King's Head Pub

TAG 2

6 km 50 Min.

❽ Memnonskolosse

3 km 50 Min.

❾ Tal der Könige

2,7 km 45 Min.

❿ Tal der Königinnen

4 km 25 Min.

⓫ Hatschepsut-Tempel

1,8 km 10 Min.

⓬ Ramesseum

9 km 1½ Std.

SONNENUNTERGANG MIT STIL

Wenn sich dann die Sonne über dem Westufer senkt, solltest du zum Sundowner – Gin Tonic wäre der Klassiker – auf der Terrasse des ❹ Sofitel Winter Palace *(sofitel.com)* sitzen. Die viktorianische Architektur, der Nilblick und der exotische Garten des Hotels verzauberten schon Ende des 19. Jhs. den europäischen Reiseadel. Und Agatha Christie schrieb hier am „Tod auf dem Nil".

JETZT HEISST ES HANDELN

Bei einem anschließenden Bummel über den ❺ Basar lernst du die cleversten (und leider auch aufdringlichsten) Händler Ägyptens kennen. Feilsche, was geht, wenn du Souvenirs und Gewürze kaufst – und dabei immer lächeln! Danach nimmst du wieder eine Kutsche und genießt am ❻ Karnak-Tempel noch die tolle Sound & Light Show *(Beginn 19, 20, 21 Uhr)*, bevor du weiterfährst, um vor der Rückkehr ins Hotel Hunger und Durst im ❼ The King's Head Pub ➤ S. 109 zu stillen.

DIE PHARAONEN WARTEN

Tag 2 beginnt früh. Am besten spazierst du schon gegen halb sieben vom Hotel los und *setzt vom Luxor-Tempel aus mit der* Fähre *(Fahrpreis 5 £E) über den Nil*, wo du am Anleger bei einem der Verleiher ein Fahrrad mietest *(ab 10 Euro/Tag). Den ersten Radelstopp legst du am zentralen Tickethäuschen hinter den* ❽ Memnonskolossen *ein.* Nimm dir den ganzen Vormittag Zeit für das ❾ Tal der Könige ➤ S. 108 mit dem berühmten Grab Tut-anch-Amuns sowie für das ❿ Tal der Königinnen ➤ S. 109, für die Terrassenanlage des ⓫ Hatschepsut-Tempels ➤ S. 109 und das ⓬ Ramesseum ➤ S. 109.

Nach der obligatorischen Siesta im Hotel kreuzt du später *mit einer der Felukken (Fahrt ab 10 Euro/Std.)*, die

überall am Ufer liegen, auf dem Nil und lässt dich schließlich in der *Abendsonne am Westufer des Stroms absetzen.* Von hier aus ist der Blick auf den beleuchteten Luxor-Tempel atemberaubend schön. Bei einem kühlen Getränk im Dachrestaurant des ⓭ Nile Valley Hotels *(tgl. | 2 Gehmin. vom Fähranleger | Tel. 095 2 31 14 77 | nilevalley.nl | €€)* zeigen sich dir Stadt und Nil wie in Super-Cinemascope.

Mit der Fähre setzt du anschließend wieder ans Ostufer über und kehrst – nachdem du dich im Hotel schick gemacht hast – *per Kutsche noch mal zurück zum* ⓮ Sofitel Winter Palace, wo du im legendären 1886 Restaurant *(tgl. 19–23 Uhr | Tel. 095 2 38 04 25 | €€€)* zu Abend isst. Danach geht es zum krönenden Abschluss in die Royal Bar des Hotels, die einem ehrwürdigen britischen Club gleicht. Zu den Cocktails spielt live ein Pianist.

MUMIE MUSS

Am letzten Tourtag brauchst du nicht ganz so früh aufzustehen und der Weg führt auch erst einmal in klimatisierte Räume. Es warten zwei Highlights: das ⓯ Luxor-Museum ➤ S. 107 und das ⓰ Mumien-Museum ➤ S. 108, beides spektakuläre, sehr übersichtlich aufbereitete Sammlungen mit Stelen, Statuen, Sarkophagen, Tier- und Menschenmumien sowie auch Funden aus Grabräuberverstecken.

⓭ Nile Valley Hotel

4 km 1 Std.

⓮ Sofitel Winter Palace

4 km 1 Std.

TAG 3

⓯ Luxor-Museum

1 km 15 Min.

⓰ Mumien-Museum

1,8 km 30 Min.

Heißluftballons hauen die Memnonskolosse nicht um – die standen schon im Altertum

⑰ Sofra Restaurant & Café

2 km 25 Min.

① Steigenberger Nile Palace

ABSCHIEDSTOUR

Nach einem Mittagessen im ⑰ Sofra Restaurant & Café ➤ S. 109 mit klassisch ägyptischer Küche (Mezze, Huhn, Ente, Täubchen) *steigst du in eine Kutsche und lässt die Stadteindrücke noch einmal an dir vorüberziehen, während du zurückfährst zum* ① Steigenberger Nile Palace – dein Abschied von diesem herrlichen Ort.

③ NACHTWANDERUNG AUF DEN MOSESBERG

- ➤ **Den biblischen Ort der Zehn Gebote entdecken**
- ➤ **Mit einem Kamelritt beginnt das Abenteuer**
- ➤ **Ein Sonnenaufgang, den du nicht vergisst**

Start: Katharinenkloster

Ziel: Katharinenkloster

Strecke: 7,5 km

Dauer: 6½ Std., reine Gehzeit 4½–5 Std.

Schwierigkeit: leicht

Höhenmeter: 756 m

Kosten: Anfahrt von Sharm El-Sheikh ab 25 Euro, von Dahab ab 15 Euro/Person im voll besetzten Fahrzeug

Mitnehmen: Wanderschuhe, warme Kleidung, Taschenlampe, Reisepass (wegen Checkpoints)

Wegen der Sicherheitskontrollen solltest du am besten vier Stunden vor Sonnenaufgang am Katharinenkloster sein.

Info: Der Aufstieg ist anstrengend, aber erfordert keine Höchstleistungen. Am Tag kann er ohne einen Führer unternommen werden, bei Nacht solltest du jedoch unbedingt einen beduinischen Guide anheuern (Kosten ca. 17 Euro, mit Kamel ca. 25 Euro).

Nimm beim Abstieg den kürzeren Weg über den Sikket Sayyidna Musa nur, wenn du fit bist und belastbare Gelenke hast.

TREFFPUNKT KLOSTER

Früh am Morgen wird die nächtliche Stille vor dem ❶ Katharinenkloster ➤ S. 66 durch Stimmengewirr und eintreffende Autos beendet. Auf dem Parkplatz vor der Anlage herrscht Basarstimmung. Beduinen warten auf Kundschaft und wollen dich überzeugen, für den Aufstieg ein Kamel zu mieten (für zwei Drittel der Strecke möglich, eher schwachen Gehern empfohlen).

0,4 km 10 Min.

Körner sparen, trotzdem viel sehen: In Luxor kann man sich gut herumkutschieren lassen

Der Aufstieg auf den Berg Horeb, an dem Gott der Überlieferung nach Moses die Zehn Gebote übergab, *erfolgt über den* ❷ Sikket Al-Basha, den Weg des Paschas, mit Schotterserpentinen. Seine besondere Bedeutung bekam der Berg erst in christlicher Zeit, deshalb pilgern auch vorwiegend Christen auf seinen Gipfel. *In mondlosen Nächten läuft man im Stockfinsteren durch das Tal* ❸ Wadi Al-Deir. Unterwegs zum Gipfel gibt es etliche kleine Kioske, an denen Tee, Wasser und Kekse verkauft werden. Leg also ruhig eine Erfrischungspause ein.

❷ Sikket Al-Basha

0,3 km 10 Min.

❸ Wadi Al-Deir

3,1 km 2 Std.

STELL DICH DEN STUFEN

Vor dem Gipfel erreichst du das ❹ Elias-Plateau, das auch „Amphitheater der 70 Weisen" genannt wird, weil hier Moses' Begleiter zurückbleiben mussten. Imposante Granitfelsen umgeben den heiligen Ort. *Von hier aus sind es noch 750 anstrengende, weil ungleichmä-*

❹ Elias-Plateau

0,7 km 45 Min.

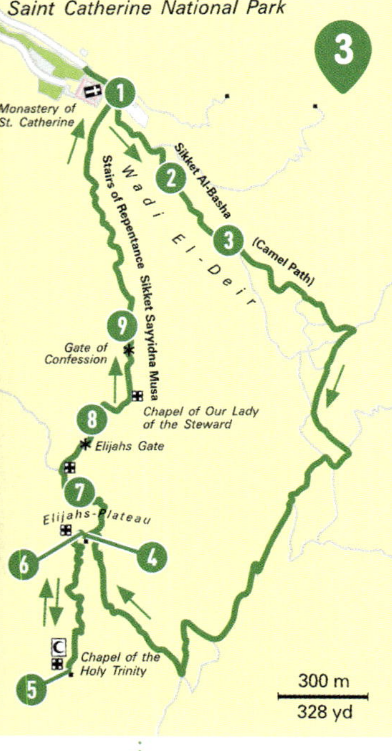

ßig hohe Stufen bis zur Spitze des Bergs. Die Temperaturen liegen unter zehn Grad, ein kühler Bergwind weht. Ältere Pilger müssen sich auf den letzten Metern oft von Begleitern stützen lassen.

ES WERDE LICHT

An manchen Tagen erwarten mehrere Hundert Schaulustige den Sonnenaufgang. Viele staunen über den nun sichtbaren Höhenunterschied, den sie in der Dunkelheit überwunden haben. Der Ausblick über den versteinerten Ozean, dessen Felsen in der Dämmerung minütlich die Farben wechseln, ist einfach atemberaubend.

Auf dem Gipfel des **Gebel Musa** ➤ S. 70, wie der Berg auf Arabisch heißt, *steht die* **5 Kapelle der Heiligen Dreifaltigkeit**, an deren Stelle sich Gott Moses in einer Feuerwolke offenbart haben soll. *An ihrer Nordmauer, hinter einem Eisenzaun, gibt es eine kleine Nische,* in die Moses sich ehrfurchtsvoll geduckt haben soll, als er Gott erblickte – in Spuren am Felsen glaubt man, die Abdrücke Moses' zu sehen. In der Nähe steht eine Moschee, die, genau wie die kleine Kirche, meist aber nicht für Besucher geöffnet ist.

TEE MIT AUSSICHT

Auf dem Rückweg geht es zunächst wieder hinunter zum **6 Elias-Plateau**, auf dem sich mehrere kleine Kapellen befinden. In der Stille dieses natürlichen Amphitheaters hat der Prophet Elias der Überlieferung nach erstmals Gottes Stimme vernommen. Die älteste Zypresse dort ist über 1000 Jahre alt. Schmelz- und Regenwasser speist vom Herbst bis zum Frühjahr eine Quelle. Beduinen verkaufen warmen Tee – eine kleine Rast ist angesagt! Von der Rändern des Plateaus bieten sich spektakuläre Ausblicke auf den Sinai.

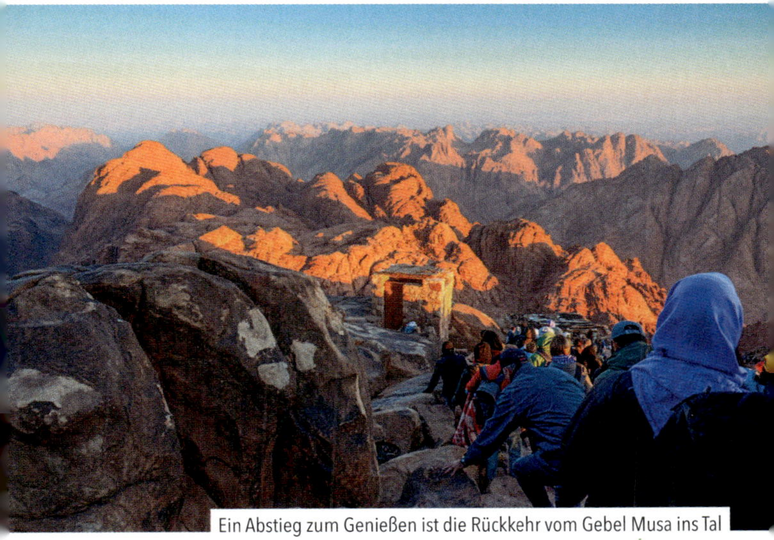

Ein Abstieg zum Genießen ist die Rückkehr vom Gebel Musa ins Tal

LAUTER ABSTIEGSSZENARIEN

Der Abstieg über den ⑦ **Sikket Sayyidna Musa**, den „Weg unseres Herrn Moses", *beginnt rechts neben einem kleinen steinernen Damm. Die Treppe, die du nun hinuntergehst, hat 2700 Stufen.* Sie wurde im 6. Jh. von einem Mönch in Erfüllung eines Gelübdes in den Fels gehauen. *Nach gut 300 m folgt das* ⑧ **Eliastor** *und 450 m weiter unten das* ⑨ **Tor des Glaubens**. Pilger mussten bis ins 19. Jh. unter diesem Tor um Vergebung bitten, ehe sie zum Sündenerlass auf den Berggipfel vorgelassen wurden.

Der weitere Abstieg (ca. 1½ Std.) führt durch eine faszinierende Landschaft mit tollen Ausblicken auf das Kloster. Spätestens hier ist leicht vergessen, dass der Mosesberg nur einer von mehreren möglichen Schauplätzen der biblischen Legende vom Berg Sinai ist. Egal, einen erhabeneren Ort für dieses Ereignis kann es kaum geben. *Am Fuß angekommen,* besuchst du noch das ① **Katharinenkloster**, das älteste bewohnte christliche Kloster der Welt, bevor du nebenan auf ein einfaches Frühstück in der Cafeteria des **Guesthouse St. Catherine** ➤ S. 73 einkehrst.

⑦ Sikket Sayyidna Musa

0,3 km 10 Min.

⑧ Eliastor

0,5 km 10 Min.

⑨ Tor des Glaubens

1,2 km 1½ Std.

① Katharinenkloster

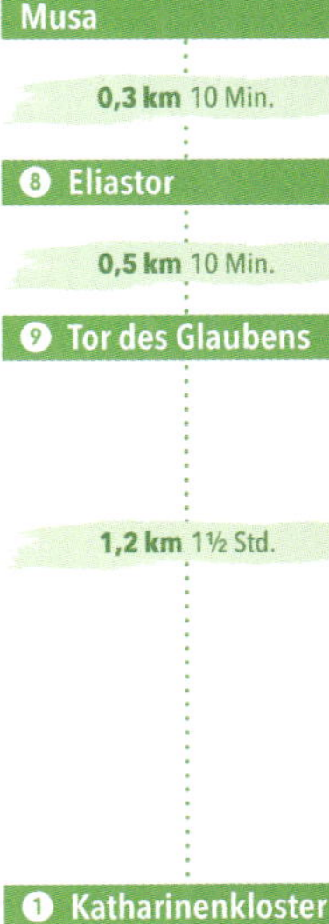

GUT ZU WISSEN

DIE BASICS FÜR DEINEN URLAUB

ANKOMMEN

ANREISE

Internationale Fluggesellschaften bieten günstige Flüge nach Sharm El-Sheikh, Hurghada und Marsa Alam an, mit etwas Glück gibt es die Tickets schon ab ca. 250 Euro. Direktflüge mit *Egypt Air (egyptair.com)* ans Rote Meer sind die Ausnahme, sie kosten ab 450 Euro. Günstigere Flüge findet man häufig leichter über Suchportale wie *swoodoo.com* oder *check24.de*. Von Deutschland aus ans Rote Meer beträgt die reine Flugzeit zwischen drei und vier Stunden.

GRÜN & FAIR REISEN

Du willst beim Reisen deine CO_2-Bilanz im Hinterkopf behalten? Dann kannst du deine Emissionen kompensieren *(atmosfair.de; myclimate.org)*, deine Route umweltgerecht planen *(routerank.com)* oder auf Natur und Kultur *(gate-tourismus.de)* achten. Mehr über ökologischen Tourismus erfährst du hier: *oete.de* (europaweit); *germanwatch.org* (weltweit).

AUSKUNFT VOR DER REISE

Ägyptisches Fremdenverkehrsamt: Kurfürstendamm 84 | 10709 Berlin | Tel. 030 8 87 24 67 14 | info.de@egypt.travel | egypt.travel

EINREISEBESTIMMUNGEN

Dein Reisepass muss am Einreisetag noch mindestens sechs Monate gültig sein (in Ausnahmefällen ist die Einreise mit Personalausweis und zwei biometrischen Passbildern möglich). Das Visum bekommst du am einfachsten direkt am Flughafen in Ägypten bzw. am Grenzübergang. Im Flugzeug wer-

Wie alle Ziele am Roten Meer im Winterhalbjahr am angenehmsten: Tiran Island

+ 1 Stunde Zeitverschiebung

In Ägypten gilt die osteuropäische Zeit. Da die Sommerzeit abgeschafft wurde, hebt sich der Zeitunterschied während unserer Sommerzeit auf.

Adapter Typ F

Für Geräte mit Schuko-Stecker sind Reiseadapter nötig. Die Netzspannung beträgt 220 Volt, Stromausfälle kommen häufiger vor.

den weiße Karten verteilt, die du ausfüllen und später bei der Passkontrolle vorlegen musst. Die Visamarke (25 Euro) gibt es an den Geldwechselschaltern vor der Passkontrolle. Dieses Touristenvisum ist vier Wochen lang für die einmalige Einreise gültig. Elektronische Visa waren zuletzt wegen Abrechnungs- und Ausstellungsproblemen nicht zu empfehlen.

Sonderregeln gelten bei der Ersteinreise über Eilat (Israel)/Taba: Du erhältst ein Visum, das nur für 14 Tage und nur für den Sinai gilt (nicht für Festland-Ägypten). Wer über den Sinai hinaus in das übrige Ägypten reisen möchte, braucht ein *Re-entry*-Visum, das vor der Reise bei den ägyptischen Konsulaten im Heimatland zu beantragen ist.

REISEZEIT

Die beste Reisezeit ist zwischen Ende September und April. Wer Hitze gut verträgt – 35 Grad und viel mehr –, urlaubt auch im Juli und August in der Region. Von Dezember bis Februar kann es nachts, aber auch tagsüber, kalt sein.

WEITER-KOMMEN

AUTOFAHREN

Ein internationaler Führerschein ist für Ausländer Pflicht. Im Straßenverkehr gelten theoretisch ähnliche Regeln wie in Europa. Die Ägypter halten sie allerdings kaum ein. Fahr deshalb äußerst defensiv. Die Hauptstraßen sind gut ausgebaut. Rechne auf Landstraßen stets damit, dass dir Esel, Kamele und nachts Autos und Lkw ohne Licht entgegenkommen, und achte auf Schlaglöcher. Nächtliche Überlandfahrten solltest du vermeiden. Das Tempolimit beträgt in Ortschaften 50, außerhalb 100 km/h. Es gibt häufig Radarkontrollen. Die Promillegrenze liegt bei 0,0. Mit Smartphone/Tablet und GPS-App kommst du gut durch die Region. Die Ausschilderung ist oft auch in Englisch gehalten. Eine gute Straßenkarte dabeizuhaben, empfiehlt sich trotzdem.

BUSSE

Von Marsa Alam, El Quseir, Safaga und Hurghada, El Gouna sowie von Taba, Nuweiba, Dahab, Sharm El-Sheikh und vom Katharinenkloster aus verkehren Linienbusse nach Kairo und zurück sowie auch zwischen den Orten, meistens mehrmals täglich. Sie sind bequem und billig. Ab Hurghada und Safaga fahren täglich mehrere Linienbusse Richtung Luxor. Die zwei besten Busfirmen mit landesweitem Netz sind *Go Bus (go-bus.com)* und die *East Delta Bus Company (eastdelta-travel.com)*. Fahrkarten besser einen Tag im Voraus besorgen! Du kannst sie online buchen, an der Busstation kaufen oder die Hotelrezeption besorgt sie für dich.

FÄHREN

Eine Fährverbindung gibt es zwischen Hurghada und Sharm El-Sheikh. Die Überfahrt *(⏲ 1½ Std.)* kostet rund 700 £E für die einfache Strecke, rund 1100 £E (ca. 60 Euro) hin und zurück. Infos und Buchung bei *Arab Bridge Maritime (abmaritime.com.jo)*.

INLANDSFLÜGE

Inlandsflüge mit *Egypt Air (egyptair.com)* sind teils sehr günstig. Mit etwas Glück kann man für einen Kurztrip nach Kairo Flüge z. B. von Marsa Alam ab ca. 65 Euro hin und zurück buchen. Weitere Anbieter: *Air Cairo (flyaircairo.com), Nile Air (nileair.com)*. Für die Strecke Hurghada–Sharm El-Sheikh gab es zuletzt nur Gabelflüge über Kairo.

MIETWAGEN

In den Badeorten haben internationale Anbieter wie Hertz, Avis und Budget, Niederlassungen meist in besseren Hotels und an den Flughäfen. Ein Kleinwagen kostet pro Tag ca. 35 Euro, pro Woche etwa 350 Euro. Günstige Preise gibt es bei Onlineportalen. Buch unbedingt Vollkasko ohne Selbstbehalt. Vorsicht bei kleinen lokalen Anbietern, die häufig wahre Schrottlauben vermieten.

Solltest du Touren zu Wüste und Bergen des Zentralsinai vorhaben, empfiehlt es sich, einen Geländewagen (4WD) zu mieten, am besten mit einem ortskundigen Fahrer. Die Wüste nie ohne zweites Fahrzeug erkunden!

FESTE & EVENTS

RUND UMS JAHR

JANUAR

Koptische Weihnachten am 7. Jan.
South Sinai Camel Festival (Sharm El-Sheikh): das Ascot der Beduinen mit Kamelrennen

MÄRZ/APRIL

Koptisches Osterfest
Sham el-Nessim: Frühlingsfest am ersten Montag nach dem koptischen Osterfest
Sharm Half Marathon (Sharm El-Sheikh): An dem Lauf können Männer und Frauen teilnehmen; Startgebühr: ab 40 Euro | *egyptianmarathon.com*
International Squash Open El Gouna: hochklassig besetztes, achttägiges Turnier | *elgounasquashopen.com*
Moulid Abu Al-Haggag: Fest des Lokalheiligen; Luxors Muslime und Christen feiern mit alten pharaonischen Traditionen

MAI/JUNI

Eid Al-Fitr: Fest zum Ende des Ramadan, drei Tage arbeitsfrei
Sandbox Festival (El Gouna): Tanzen am Strand – elektronische Musik non-stop von Acts aus aller Welt | *sandboxfestival.com*

JULI/AUGUST

Eid Al-Adha: islamisches Opferfest, vier, selten fünf Tage arbeitsfrei
Egyptian Dance Festival (Hurghada): zehn Tage lang Shows, Workshops und Partys rund um den Bauchtanz | *egyptiandancefestival.com*
Ras As-Sanna: islamisches Neujahrsfest

SEPTEMBER

El Gouna Film Festival: Eineinhalb Wochen lang gibt's Hollywood-Glamour am Roten Meer mit großen Stars, neuen Filmen und vielen Partys (Foto) | *elgounafilmfestival.com*

OKTOBER

Moulid Al-Nabi: Heiligenfest zum Geburtstag des Propheten Mohammed

TAXI

Für Taxifahrten in den Urlaubsorten fragst du am besten an der Hotelrezeption nach den gängigen Tarifen. Taxis haben Taxameter, aber die Fahrer ignorieren sie oft bzw. schalten sie nur auf Drängen ein. Ein Tipp für Hurghada, El Gouna und die nähere Küstenregion ist *ABC Taxi (Mobiltel. 0100 2 22 82 94 | abctaxi.com).*

Sofern vor Ort verfügbar: Ausgezeichnet funktionieren die Taxi-Apps *Careem* und *Uber* mit exakter Abrechnung – das Trinkgeld nicht vergessen. Bei beiden Anbietern kannst du jede Fahrt gegen zugemailten Beleg bar oder per Kreditkarte begleichen.

IM URLAUB

FEIERTAGE

1. Jan.	Neujahr
25. April	Tag der Befreiung des Sinai 1982
1. Mai	Tag der Arbeit
18. Juni	Abzug der britischen Truppen 1956
23. Juli	Jahrestag der Revolution von 1952
6. Okt.	Tag der Überquerung des Suezkanals im Oktoberkrieg 1973

FOTOGRAFIEREN

Fotografierverbot gilt für Militäranlagen sowie Häfen, Brücken, Bahnhöfe und Flugplätze. Frag fremde Personen mit einer freundlichen Geste, ob du sie fotografieren darfst. In Museen und Pharaonengräbern sind Blitzlicht und Stativ untersagt, ab und an Aufnahmen generell verboten. In vielen Museen und Monumenten musst du die Kamera hinterlegen oder fürs Fotografieren (auch mit Smartphone oder Tablet) ein Extraticket lösen.

FRAUEN

Touristinnen werden oft von ägyptischen Männern angesprochen und umworben, besonders in den Urlaubsorten. Das kann lästig sein, gefährlich ist es in der Regel nicht. Vermeide dennoch alles, was deinem Gegenüber Hoffnung machen könnte. Trag einen (geborgten) Ehering, erzähl von einem Ehemann und Kindern. Vermeide enge, knappe Kleidung (s. unter Kleidung).

Der allgegenwärtigen Grapscher wegen solltest du nicht in überfüllte Busse einsteigen. Werde in bedrängenden Situationen so laut, dass alle Umstehenden dich hören. Man wird schnell helfen. Größere Menschenansammlungen sollten Frauen unbedingt meiden. Nach drastischen Übergriffen in den letzten Jahren erlebt die ägyptische „Me too"-Bewegung kräftigen Zulauf.

INTERNET & WLAN

Viele Hotels, Cafés und Restaurants bieten ihren Gästen kostenlosen WLAN-Zugang, oft aber nur in der Lobby, in den Zimmern und anderen Bereichen dagegen kostenpflichtig (für ca. 25 Euro/Woche). Am besten kaufst du dir für dein Smartphone oder Tablet eine der sehr günstigen Prepaid-Karten, die in den Filialen der Mobilfunkanbieter Vodafone, Orange und Etisalat erhältlich sind (5 GB für ein paar Euro).

INSIDER-TIPP
Für Social Media & Co.

KLEIDUNG

Leichte, luftige Kleidung eignet sich am besten. Im Winter sollte man ein paar warme Sachen dabeihaben, besonders wenn Übernachtungen in den Bergen des Sinai oder in der Wüste geplant sind. Außerdem ist festes Schuhwerk empfehlenswert.

Die ägyptische Gesellschaft ist konservativ. Wenn du das als Frau respektieren möchtest, vermeide außerhalb der Badeorte sehr körperbetonte Kleidung, Miniröcke und schulterfreie Tops. Kurzärmelig ist okay. Die meisten Ägypter finden im Alltag Shorts bei Männern lächerlich, aber in den Urlaubsorten sind sie den Anblick inzwischen gewohnt.

POST

Wirf deine Post nur in die Briefkästen an den Postämtern *(geöffnet Sa-Do 8–15 Uhr)* ein oder gib sie im Hotel ab!

PREISE & WÄHRUNG

Das Ägyptische Pfund (£E oder EGP) ist in 100 Piaster (Pt) unterteilt. 100 £E entsprechen etwa 5 Euro, den tagesaktuellen Kurs am besten auf Onlinewährungsrechnern abfragen. Banken und Wechselstuben tauschen die gängigen Devisen ein. Alle Umtauschbelege sollte man aufbewahren, damit ist ein Geldrücktausch möglich. Banken öffnen in der Regel Sonntag bis Donnerstag 8.30–14 Uhr und 18–21 Uhr (im Winter von 17–20 Uhr).

An Automaten (ATMs) erhält man Bargeld mit Kredit- oder Maestrokarte plus PIN. Karten werden auch in vielen Restaurants, Hotels und Geschäften akzeptiert. Hotels müssen mit Kreditkarte oder in harter Währung (Euro, US-Dollar) bezahlt werden. An entlegene Orte sollte man zumindest eine Bargeldreserve mitnehmen.

WAS KOSTET WIE VIEL?

Bier	ab 2 Euro *für eine Flasche*
Tee	ab 20 Cent *für ein Glas*
Imbiss	ab 20 Cent *für ein Falafel-Sandwich*
Souvenir	ab 15 Euro *für eine Wasserpfeife*
Tauchen	ab 275 Euro *für einen 5-Tage-Kurs*
Bus	ab 12 Euro *für die Strecke Hurghada–Luxor*

TELEFON & HANDY

Die Ländervorwahl für Ägypten ist 0020, für Deutschland 0049, für Österreich 0043, für die Schweiz 0041.

Gespräche aus dem Festnetz nach Europa sind sehr teuer, insbesondere vom Hotel aus. Die Mobiltelefone europäischer Netze funktionieren, beim Roaming fallen allerdings hohe Gebühren an. Schalte die heimische Mailbox und Datenroaming deshalb am besten vor der Abreise aus. Viel günstiger werden Handygespräche mit ägyptischen Prepaidkarten. Die Minute nach Deutschland kostet dann ab 0,20 Cent. Zum Surfen buchst du am besten ein Datenflatrate dazu.

TRINKGELD

In Restaurants sind 5 bis 10 Prozent der Rechnungssumme üblich. Wenn dein Kellner nicht derjenige ist, der auch kassiert, gib ihm extra einen kleinen Obolus. Gepäckträger bekommen etwa 15 bis 20 £E, Zimmerreiniger 20 £E pro Tag.

NOTFÄLLE

DIPLOMATISCHE VERTRETUNGEN

- *Deutsche Botschaft: 2 Sharia Berlin/Sharia Hassan Sabri | Zamalek | Kairo | Tel. 02 27 28 20 00 | kairo.diplo.de*
- *Österreichische Botschaft: 5 Sharia Wissa Wassef/Sharia El-Nil | El-Riad Tower | Giza | Kairo | Tel. 02 35 70 29 75 | bmeia.gv.at/botschaft/kairo.html*
- *Botschaft der Schweiz: 10 Sharia Abd Al-Khaliq Tharwat | Downtown | Kairo | Tel. 02 25 75 82 84 | eda.admin.ch/cairo*

Ägyptische Konsulate in Deutschland, Österreich und der Schweiz:

- *Stauffenbergstraße 6–7 | Berlin | Tel. 030 47 90 18 80 | egyptian-embassy.de*
- *Hohe Warte 54 | Wien | Tel. 01 3 70 81 08 62 | egyptembassyvienna.at*
- *Elfenauweg 61 | Bern | Tel. 03 13 52 80 12*

GESUNDHEIT

Spezielle Schutzimpfungen sind nicht vorgeschrieben. Es ist allerdings ratsam, gegen Tetanus und Kinderlähmung geimpft zu sein. In ländlichen Gebieten besteht das Risiko, sich mit Hepatitis A anzustecken. In stehenden Gewässern und im Nil nicht baden: Bilharziose-Gefahr!

Obst und Gemüse sollte man nur geschält oder gründlich gewaschen essen. Das Leitungswasser ist in Ägypten gechlort, Mineralwasser gibt es überall billig zu kaufen.

Die medizinische Versorgung in den Touristenorten ist ausreichend. Für Wüstentouren empfiehlt es sich, Desinfektions- und Schmerzmittel mitzunehmen. Fast alle Medikamente sind frei erhältlich. Behandlungskosten müssen bar bezahlt werden. Es ist ratsam, eine gute Reisekrankenversicherung abzuschließen.

NOTRUF

Polizei: Tel. 122; Feuerwehr: Tel. 125; Notarzt: Tel. 123

WICHTIGE HINWEISE

MINEN

An den Küsten des Roten Meers sowie in den Wüsten und Bergen des Hinterlands liegen immer noch Minen aus den Kriegen seit 1967. Verlass die Wege nur in ortskundiger Begleitung, nimm Warnschilder und Absperrungen ernst und geh nur an Stränden ins Wasser, an denen das Baden üblich ist.

SICHERHEIT

Ägyptens Kriminalitätsrate ist gering. Dennoch ist es unerlässlich, dass du dich vor deinem Urlaub gut infor-

mierst, ob es aktuell Einschränkungen bei Reisen durchs Land gibt und ob du eventuell Sicherheitsvorkehrungen treffen solltest. In Oberägypten (u. a. Region Luxor) und an der Festlandküste des Roten Meers sowie im Südsinai (Sharm El-Sheikh, Dahab, Nuweiba, Taba, Katharinenkloster) schien die Lage zuletzt stabil zu sein, anders als im Nordsinai, der touristisch wenig relevanten Mittelmeerregion um Al Arish, in der sich Ableger des „Islamischen Staats" eingenistet haben. Aktuelle Informationen findest du auf *auswaertiges-amt.de* und *kairo.diplo.de*.
Auf Märkten und im Gewühl der Touristenbasare gilt: Vorsicht vor Taschendieben! In sehr seltenen Fällen wurden Ausländer in den letzten Jahren in Großstädten auf der Straße überfallen und ausgeraubt.

ZOLL

Dinge des persönlichen Bedarfs inkl. 1 l Parfum, bis zu 200 Zigaretten oder 250 g Tabak und 1 l Spirituosen oder 2 l alkoholische Getränke mit max. 22 Vol.-% bzw. 4 l Schaumwein sind bei Einreise zollfrei. Bis zwei Tage nach Einreise dürfen in Duty-free-Shops weitere 3 l Spirituosen gekauft werden. Wer Devisen im Wert von mehr als 10 000 Euro ein- oder ausführt, muss den Betrag beim Zoll anmelden. Es ist strikt untersagt, Antiquitäten sowie Tiere und Pflanzen, die unter Natur- und Artenschutz stehen, auszuführen.
Bei Wiedereinreise in die EU sind z. B. 200 Zigaretten, 2 l Wein, 1 l Spirituosen und sonstige Waren im Wert von bis zu 430 Euro zollfrei. Für die Schweiz gelten andere Freigrenzen, siehe *ezv.admin.ch.*

WETTER IN HURGHADA

Hauptsaison
Nebensaison

	JAN.	FEB.	MÄRZ	APRIL	MAI	JUNI	JULI	AUG.	SEPT.	OKT.	NOV.	DEZ.
Tagestemperaturen	21°	22°	24°	26°	30°	31°	33°	34°	31°	29°	26°	23°
Nachttemperaturen	9°	10°	12°	16°	21°	23°	24°	25°	23°	20°	15°	12°
Sonnenschein Stunden/Tag	8	8	9	10	11	12	13	12	11	10	9	8
Niederschlag Tage/Monat	1	2	1	1	1	0	0	0	1	1	1	2
Wassertemperatur in °C	22	21	22	23	26	29	31	30	29	26	25	24

Sonnenschein Stunden/Tag · Niederschlag Tage/Monat · Wassertemperatur in °C

SPICKZETTEL ENGLISCH

NÜTZLICHES

Wo finde ich einen Internetzugang/WLAN?	Where can I find internet access/Wifi?	wär känn ai faind 'internet 'äkzäss/waifai?
Ich möchte … Euro wechseln.	I'd like to change … euro.	aid laik tu tschäindsch … iuhro
Ich möchte ein Auto/ein Fahrrad mieten.	I would like to rent a car/a bicycle.	ai wud laik tə ränt ə kahr/ ə 'baisikl.
Darf ich fotografieren?	May I take a picture?	mäi ai täik ə 'piktscha?
Fahrplan/Fahrschein	schedule/ticket	'skädjuhl/'tikət
Fieber/Schmerzen	fever/pain	fihvə/peyn
Apotheke/Drogerie	pharmacy/chemist	'farməssi/kemist
kaputt/funktioniert nicht	broken/doesn't work	'brəukən/'dasənd wörk
Panne/Werkstatt	breakdown/garage	'bräikdaun/'gärasch
Hilfe!/Achtung!/ Vorsicht!	Help!/Attention!/Caution!	hälp/ə'tänschən/'koschən

ZEIGEBILDER

ESSEN & TRINKEN

Die Speisekarte, bitte.	The menu, please.	Də 'mänjuh plihs
Messer/Gabel/Löffel	knife/fork/spoon	naif/fohrk/spuhn
Salz/Pfeffer/Zucker	salt/pepper/sugar	sohlt/'päppə/'schuggə
Essig/Öl	vinegar/oil	'viniga/oil
mit/ohne Eis/ Kohlensäure	with/without ice/gas	wiD/wiD'aut ais/gäs
Vegetarier(in)/Allergie	vegetarian/allergy	wätschə'täriən/ 'ällədschi
Rechnung/Quittung	bill/receipt	bill/ri'ssiht
Ich möchte zahlen, bitte.	May I have the bill, please?	mäi ai häw De bill plihs
bar/Kreditkarte	cash/credit card	käsch/krädit kahrd

ARABISCH SPRECHEN

Ja./Nein.	na'am/la oder: kalla	نعم/لا، كلا
Bitte./Danke.	min fadlak/schukran	من فضلك/شكرا
Entschuldigung!	'afwan	عفوا
Guten Tag!/Guten Abend!	sabba l-chair/masa l-chair	صباح الخير/مساء الخير
Auf Wiedersehen!	ma'a s-salama	مع السلامه
Ich heiße ...	ismi ...	اسمي
Ich komme aus ...	ana min ...	انا من
... Deutschland.	... almania	المانيا
... Österreich./Schweiz.	... al nimsa/swizera	النمسا/سويسرا
Ich verstehe Sie nicht.	ana la afhamuka [ki]	انا لا افهمك
Wie viel kostet es?	kam jukallif dhalika	كم يكلّف ذلك
Bitte, wo ist...?	'afwan aina ...	عفوا اين

1	wahid	(واحد)١	5	chamsa	٥ (خمسة)	9	tis'a	٩ (تسعة)
2	itnan	٢ (اثنان)	6	sitta	٦ (ستّة)	10	'aschra	١٠ (عشرة)
3	talata	٣ (ثلاثة)	7	sab'a	٧ (سبعة)	20	'ischrun	٢٠ (عشرون)
4	arba'a	٤ (اربعة)	8	tamanija	٨ (ثمانية)	100	mia	١٠٠ (مئة)

URLAUBS FEELING

ZUM EINSTIMMEN & AUSKLINGEN

LESESTOFF & FILMFUTTER

DAS ZELT
Vordergründig erzählt Miral al-Tahawi die bewegende Geschichte (2001) eines behinderten Beduinenmädchens. Beim Lesen erhältst du tiefen Einblick in Tradition und Kultur der Beduinen

AZAZEL
Held dieses abenteuerlichen Romans (2008) von Youssef Ziedan ist der Mönch Hypa. Er ist gefangen im Glaubensstreit des 5. Jhs., berichtet von der Gewalt im Namen der Religion. Hypa fühlt sich vom Herrn der Hölle, Azazel, verführt, der ihm eine unwiderstehliche Frau als Herausforderung schickt

DREAM AWAY
Wie zuletzt durch Corona blieben auch nach der Revolution die Urlauber aus. Der Dokumentarfilm (2018) zeigt, wie der pulsierende Ort Sharm El-Sheikh unvermittelt zur gespenstischen Kulisse mutiert. Denn: Für ein Land wie Ägypten ist Tourismus ein Stabilitätsfaktor

DER JAKUBIJAN-BAU
Es geht um Korruption, Ehebruch, islamistischen Extremismus, staatliche Repressionen. Alaa al-Aswanys inzwischen verfilmter Bestsellerroman (2002) lässt in seiner Kritik am ägyptischen Regime und der Gesellschaft kaum ein Tabu aus

PLAYLIST QUERBEET

0:58

ICH + ICH FEAT. MOHAMED MOUNIR – YASMINE
Der nubische Weltmusiker Mounir, ein Superstar, singt mit Adel Tawil

ARABIAN KNIGHTZ – UKNIGHTED
Hip-Hop auf Arabisch, das Trio war damit Trendsetter in Ägypten

WARDA – BATWANES BEEK
Es gibt wenige Bauchtanzhymnen. Der Song ist ein Evergreen, der garantiert bei den ersten Tönen jede Tanzfläche füllt

AMIR EID & HANI ADEL – SOUT EL HORREYA
„Die Stimme der Freiheit". Das Video aus der Revolutionszeit 2011 gilt als zeitgeschichtliches Dokument

CAIROKEE FT. SHAHIRA KAMAL – KOL HAGA BETA'ADY
Eingängige Melodie, heiter, poetisch – der populäre Song hat Ohrwurmqualitäten

Den Soundtrack zum Urlaub gibt's auf **Spotify** unter **MARCO POLO Egypt**

Oder Code mit Spotify-App scannen

AB INS NETZ

RED SEA BULLETIN
Das herunterladbare Magazin ist vollgepackt mit Anzeigen, aber dazwischen finden sich Artikel und jede Menge Tipps für die Region zwischen El Gouna und Marsa Alam *(redseapages.com/red-sea-bulletin)*

MADAMASR.COM/EN
Für Meinungsfreiheit und kritischen Journalismus ist es sehr eng geworden in Ägypten. Das Onlineportal *Mada masr* ist eine Bastion für guten politischen Journalismus. Der Preis: Verfolgung und oft Verhaftungen der Reporter

HURGHADA.BLOGSPOT.DE
Eine Deutsche in Hurghada. Mit Staunen, Bewunderung und Heiterkeit beschreibt sie unter dem Pseudonym Al Qamar, der Mond, wie anders auf sie der ägyptische Alltag wirkt. Das Schöne: Der Blog ist fast zeitlos und „anders" bedeutet für die Autorin nicht „schlechter"

1000 FISCHE
Muräne und Napoleonfisch erkennt man noch leicht. Aber was kommt dir da sonst so im Roten Meer vor die Schnorchelmaske geschwommen? In dieser App kannst du nachschauen

TRAVEL PURSUIT

DAS MARCO POLO URLAUBSQUIZ

Weißt du, wie die Region tickt? Teste hier dein Wissen über die kleinen Geheimnisse und Eigenheiten von Land und Leuten. Die Lösungen findest du in der Fußzeile. Und ganz ausführlich auf den S. 20–25.

❶ Der Sinai war eine Zeit lang von einem anderen Land besetzt, ehe er wieder zurück an Ägypten ging – welches Land war das?

a) Libyen
b) Israel
c) Sudan

❷ Als Reisender bist du täglich damit konfrontiert, ob du willst oder nicht. Was genau ist Bakschisch?

a) die krasse Mittagshitze
b) Glas Tee, das dir auf dem Basar angeboten wird
c) Almosen/Trinkgeld

❸ Eine letztlich gescheiterte Revolution fegte den damals herrschenden Präsidenten Hosni Mubarak aus dem Amt. Wann war das?

a) 2011
b) 2013
c) 2016

❹ Ägypten hat eine christliche Minderheit, die etwa zehn Prozent der Bevölkerung ausmacht. Wie heißt diese?

a) Mamluken
b) Kopten
c) Beduinen

Lösungen: 1b, 2c, 3a, 4b, 5c, 6a, 7b, 8c, 9b, 10c

Hat gut lachen, der koptische Mönch im Antoniuskloster

❺ Strenggläubige Muslime beten täglich und regelmäßig. Wie oft ruft der Muezzin am Tag zum Gebet?

a) dreimal
b) sechsmal
c) fünfmal

❻ Welche beiden Gewässer verbindet der Suezkanal seit seiner Fertigstellung im Jahr 1869?

a) Mittelmeer und Rotes Meer
b) Rotes Meer und Persischen Golf
c) Schwarzes Meer und Rotes Meer

❼ Welches Tier ist für die Beduinen das in der Wüste nützlichste?

a) Ziege
b) Kamel
c) Falke

❽ Der Internationale Währungsfonds gewährte dem Land große Kredite. Was musste Ägypten im Gegenzug tun?

a) Eine neue Währung einführen
b) Die Nationalbank verpfänden
c) Das Pfund abwerten

❾ Das Rote Meer ist weltberühmt für seine herrlichen Korallenriffe. Wie viele Korallenarten gibt es dort ungefähr?

a) 150
b) 250
c) 500

❿ Muslime haben wichtige Glaubensaufgaben zu erfüllen – wie viele dieser sogenannten Pfeiler gibt es genau?

a) 4
b) 3
c) 5

REGISTER

LOB ODER KRITIK? WIR FREUEN UNS AUF DEINE NACHRICHT!

Trotz gründlicher Recherche schleichen sich manchmal Fehler ein. Wir hoffen, du hast Verständnis, dass der Verlag dafür keine Haftung übernehmen kann.

MARCO POLO Redaktion • MAIRDUMONT • Postfach 31 51
73751 Ostfildern • info@marcopolo.de

Impressum
Titelbild: Dahab, The Blue Hole, Akaba Bay, Ras Abu Dzallum National Park (Schapowalow: J. Wlodarczyk)
Fotos: DuMont Bildarchiv: Emmler (51); Getty Images: H. Ashton-Jones (52), Brunette (124/125), J. Carillet (69); Huber-images: M. Bortoli (56), G. Gräfenhain (84/85, 88, 104), J. Huber (8/9); huber-images: A. Saffo (110), S. Scattolin (59), R. Schmid (46, 71, 134/135); Huber-images: R. J. Taylor (29), J. Wlodarczyk (Klappe vorne außen, Klappe vorne innen/1); G. Knoll (67); Laif: Emmler (22), Kirchgessner (62/63), Krause (16/17); Laif/Xinhua News Agency/eyevine (127); mauritius images: J. Fuste Raga (11), G. Gräfenhain (107), R. Hackenberg (114), R. Mattes (108); mauritius images/Alamy (14/15, 21, 36, 79, 92), U. Ääro (72), Givaga (119), B. Marty (13), S. Reddy (28/29), A. Sarifulin (97), V. Tretyakov (123), C. Wiens (74/75), J. Wlodarczyk (Klappe hinten), L. Yilmaz (2/3); mauritius images/Alamy/Bildagentur online: Joko (100); mauritius images/Alamy/Charles Stirling Travel (112/113); mauritius images/Alamy/City Image (33); mauritius images/Alamy/CTK (32/33); mauritius images/Alamy/Dbimages (136/137); mauritius images/Alamy/Efesenko (103); mauritius images/Alamy/Hackenberg-Photo-Cologne (26/27); Mauritius images/Alamy/PhotoStock-Israel (48); mauritius images/Fotograferen.net/Alamy (12); mauritius images/Hemis.fr: R. Mattes (6/7); mauritius images/hifografik (80/81); mauritius images/iconotec (60); mauritius images/imagebroker: A. Nekrasov (34/35); mauritius images/Imagebroker: N. Probst (10); mauritius images/imagebroker: Rosseforp (55); mauritius images/Imagebroker: C. Thiersch (94); mauritius images/nature picture library: A. Mustard (24); mauritius images/Radius Images (40/41); mauritius images/travelshots/71510 (121); L. Rauch-Rateb (139); T. Stankiewicz (83)

6. Auflage 2023, komplett überarbeitet und neu gestaltet

Autoren: Lamya Rauch-Rateb, Jürgen Stryjak
Redaktion: Franziska Kahl
Bildredaktion: Gabriele Forst
Kartografie: © MAIRDUMONT, Ostfildern (S. 38–39, 117, 122, Umschlag außen); DuMont Reisekartografie, Fürstenfeldbruck © MAIRDUMONT, Ostfildern (S. 115, Faltkarte); © MAIRDUMONT, Ostfildern, unter Verwendung von Kartendaten von OpenStreetMap, Lizenz CC-BY-SA 2.0 (S. 42–43, 45, 64–65, 76–77, 86–87, 91, 98)
Als touristischer Verlag stellen wir bei den Karten nur den De-facto-Stand dar. Dieser kann von der völkerrechtlichen Lage abweichen und ist völlig wertungsfrei.
Gestaltung Cover, Umschlag und Faltkartencover: bilekjaeger_Kreativagentur mit Zukunftswerkstatt, Stuttgart; Gestaltung Innenlayout: Langenstein Communication GmbH, Ludwigsburg
Spickzettel: in Zusammenarbeit mit PONS GmbH, Stuttgart
Texte hintere Umschlagklappe: Lucia Rojas
Konzept Coverlines: Jutta Metzler, bessere-texte.de

Printed in Poland

MARCO POLO AUTORIN
LAMYA RAUCH-RATEB
Geboren und aufgewachsen in Kairo, arbeitet Lamya Rauch-Rateb seit mehreren Jahren als Autorin, Übersetzerin und Dozentin in Deutschland. Dazu pendelt sie beruflich wie privat zwischen Kairo und Berlin. Sie liebt die Herzlichkeit der Ägypter und dass sich Tauchabenteuer, Wüstentrips und Kultururlaub am Roten Meer so schön kombinieren lassen.

BLOSS NICHT!

FETTNÄPFCHEN UND REINFÄLLE VERMEIDEN

SCHLEPPERN AUF DEN LEIM GEHEN

Gerne sind's Taxifahrer, die dir ein ganz tolles Restaurant oder einen schönen Souvenirshop zeigen wollen – vor allem wegen ihrer Provision von rund 30 Prozent. Die zahlst du mit, was auch die Vorliebe von Tourguides für Papyrusshops erklärt.

DIE WILDNIS UNTERSCHÄTZEN

Unternimm Wanderungen und Touren nie ohne ortskundigen Führer. Entfern dich auch nicht von der Gruppe. Ein paar Meter können reichen, um sich in den Dünen zu verirren. Ohne Trinkwasservorräte kann das verheerende Folgen haben.

DIE NATUR SCHÄDIGEN

Viele Naturreservate mögen karg wirken, sind aber ein ausbalanciertes Ökosystem mit enormer Artenvielfalt. Beschädige keine Pflanzen, füttere keine Tiere und hinterlass bitte keine Abfälle. Guides gehen nicht immer mit gutem Beispiel voran. Achte darauf, dass du auf Quad- oder Motorradtouren nicht sinnlos die Landschaft umpflügst!

DEN ARTENSCHUTZ MISSACHTEN

Der Verkauf von Korallen, Elfenbein oder ausgestopften Tieren, die geschützt sind, ist verboten. Dennoch bieten selbst renommierte Kunstgewerbeläden solche Waren an. Mit dem Kauf unterstützt du nicht nur Wilderer, sondern riskierst große Probleme mit dem Zoll!

DELPHINE BEDRÄNGEN

Schreite mit anderen Gästen ein oder melde Bootsführer, die Delphinschulen jagen. Halte dich im Wasser besser fern, wenn dort offenbar regelmäßig Fische mit Speiseabfällen angelockt werden. Das ist der Grund, warum es manchmal in Strandnähe zu bösen Begegnungen zwischen Hai und Mensch kommt.